HISTOIRE DE LA VILLE DE SAINT-QUENTIN

HISTOIRE DE LA VILLE DE SAINT-QUENTIN

Georges LECOCQ

HISTOIRE

DE LA

VILLE DE SAINT-QUENTIN

SAINT-QUENTIN

Imprimerie Ch. POETTE, rue Croix-Belle-Porte, 19.

1875

PRINCIPAUX OUVRAGES DU MÊME AUTEUR :

LE LAI DE LA DAME DE FAYEL, br. in-8°, Saint-Quentin,1872.

NOTICE NÉCROLOGIQUE SUR CHARLES CAVE, discours de réception lu à la Société académique de Saint-Quentin dans la séance du 21 février 1872, br. in-8°. Saint-Quentin, 1873.

RAPPORTS SUR LE CONCOURS D'HISTOIRE LOCALE à la Société académique de Saint-Quentin, lus dans les séances publiques des 30 juin 1872 et 31 mai 1874.

CÉLÉBRATION DE LA PAIX DES PYRÉNÉES A SAINT-QUENTIN, EN 1660, br. in-12, Paris, Jouaust, 1872.

FRAGMENTS D'HISTOIRE LOCALE : MAYEURS ET ÉCHEVINS, br. in-12, 1873.

NOTES ET DOCUMENTS SUR BEFFROY DE REIGNY DIT LE COUSIN JACQUES, Laon, br. in-8°, 1874.

LES AMBASSADEURS DE SIAM A SAINT-QUENTIN EN 1686, br. in-8°, 1874.

ETUDE SUR LES VITRAUX DE LA COLLÉGIALE DE SAINT-QUENTIN (1re partie) br. in-8°, 1874.

LES HABITANTS DE SAINT-QUENTIN EN 1557, br. in-8°, 1874.

SAINT-QUENTIN, SON HISTOIRE ET SES MONUMENTS, br. in-8°, 1874.

NOTICE SUR LES STATIONS PRÉHISTORIQUES D'ITANCOURT (Aisne), br. in-8°, 1874.

HISTOIRE DE LA COMPAGNIE DES CANONNIERS-ARQUEBUSIERS DE LA VILLE DE SAINT-QUENTIN (1461-1790). Ouvrage couronné par la Société des Antiquaires de Picardie, un vol. in-8°, 1874.

NOTICE SUR UN RELIQUAIRE DE SAINT-QUENTIN, br. in-8°, 1874.

ETUDE HISTORIQUE SUR VALENTINE DE MILAN, br. in-8e, 1875.

LE DOLMEN DE NEUVILLETTE (Aisne), br. in-8°, 1875.

NOTICE SUR LE MENHIR ET LA STATION NÉOLITHIQUE DE TUGNY, br. in-8°, 1875.

NOTICE SUR LE CIMETIÈRE MÉROVINGIEN DE TUGNY, br. in-8°, 1875.

LES GOUVERNEURS DE LA VILLE DE SAINT-QUENTIN, br. in-8°, 1874.

EN COLLABORATION :

LE VERMANDOIS, revue d'histoire locale, beaux-arts et littérature. (1873 et 1874) 2 vol. in-8°.

DOCUMENTS CONSULTÉS

———

Nous considérons comme un devoir pour tout historien de citer ses sources. Nous indiquerons souvent les nôtres dans le texte; mais pour ne pas le surcharger de notes nous publions ici la liste des principaux ouvrages auxquels nous avons eu recours. (1)

MANUSCRITS

Archives de la Ville

1º Registres de la Chambre du Conseil de la ville de Saint-Quentin, grands in-4º, côtés F. (37 volumes allant 1 à 35 *bis* de 1559 à 1780 et 36 de 1789 à 1790) ;

2º 3 gros cahiers grands in-4º, attachés ensemble, côtés 7, comprenant les années 1780 à 1786 et une partie de 1789 ;

3º Liasses diverses, *passim* ; etc., etc.;

4º Collections publiques et privées, *passim*;

(1) M. J. Mary a bien voulu faire pour nous des recherches dans les bibliothèques de Paris ; qu'il reçoive ici nos sincères remerciements.

IMPRIMÉS

5° Augusta Veromanduorum vindicata et illustrata, par Cl. Hemeré, 1 vol. in-4° ;

6° Histoire des droits anciens, des prérogatives et franchises de la ville de Saint-Quentin, par L. Hordret, 1 vol. in-8° ;

7° Histoire de Saint-Quentin, apostre, martyr et patron du Vermandois, par Cl. de la Fons ;

8° Histoire particulière de l'Eglise et de la ville de Saint-Quentin, par Q. de la Fons, (éd. Ch. Gomart), 3 vol. in-8° ;

9° Etudes Saint-Quentinoises, par Ch. Gomart, 4 vol. in-8° ;

10° Histoire des comtes héréditaires du Vermandois, par Fouquier Chollet, 1 vol. in-8° ;

11° Saint-Quentin ancien et moderne, par Fouquier Chollet, 1 vol. in-8° ;

12° Mémoires pour servir à l'histoire ecclésiastique, civile et militaire de la province du Vermandois, par L. P. Colliette, 3 vol. in-4° ;

13° Mémoires et annales de la Société académique des Sciences, Arts et Belles-Lettres de Saint-Quentin, et des Sociétés savantes de l'Aisne, l'Oise, le Nord et la Somme ;

14° Eloge de Delatour, par l'abbé Du Plaquet, br. in-8° ;

15° Latour, par E. et J. de Goncourt, br. in-4° ;

16° Delatour, par Champfleury, 1 vol, in-8° ;

17º M.-Q. Delatour, peintre du roi Louis XV, par Ch. Desmaze, 1 vol. in-8º ;

18º Analyse du cartulaire du Chapitre de Saint-Quentin en Vermandois, par Ch. Desmaze, br. in-8º;

19º Curiosités historiques de la Picardie, par Ch. Desmaze, 1 vol. in-8º ;

20º L'abbaye de Saint-Quentin en l'Isle, par Ch. Desmaze, br. in-8º ;

21º L'émancipation communale à Saint-Quentin, par E. Berlemont, 1 vol. in-8º ;

22º Le Vermandois, revue d'Histoire locale, Beaux-Arts et littérature, 3 vol. in-8º ;

23º Saint-Quentin, de son commerce et de ses industries, par Ch. Picard, 2 vol. in-8º ;

24º Notice sur l'Eglise Saint-Jacques, par E. de Chauvenet, in-8º ;

25º Notice historique sur le collège de Saint-Quentin, par J. Moureau, 1 br. in-8º ;

26º Manuel et galerie historique, par Devismes, 2 vol. in-8º ;

27º Edits, ordonnances, placards, affiches, cartulaires, etc.;

28º Documents pour l'Histoire de France, publiés par le Ministère de l'instruction publique, *passim* ;

29º Chroniques de Saint-Denis, Froissart, Monstrelet, etc.

30º Histoires de France de Henri Martin, Guizot, Duruy, Michelet, Dareste, etc.

PRÉFACE

Ce n'est pas un ouvrage d'érudition que l'auteur offre au public. Aimant sa ville natale, il rêvait d'en écrire l'histoire, et le travail qu'il publie aujourd'hui était depuis longtemps préparé. Cette œuvre de vulgarisation est essentiellement populaire ; elle ne contient donc aucune dissertation archéologique, aucune discussion savante et se borne à indiquer des faits incontestables.

Il est utile, nécessaire, d'apprendre aux peuples ce qu'ils sont et ce que furent leurs ancêtres, car, comme le dit si bien M. Darsy (1): « Mieux connu, le pays doit être plus aimé et les populations doivent s'y attacher davantage. » Faire connaître la ville de Saint-Quentin, tel est le but de ce travail.

Se souvenant des témoignages de sympathie qui ont accueilli ses premiers volumes, l'auteur place ce nouveau livre sous la bienveillante protection de ses concitoyens.

(1) Description du canton de Gamaches.

CHAPITRE PREMIER.

SAINT - QUENTIN : SON ORIGINE — LA DOMINATION
ROMAINE — AUGUSTA VEROMANDUORUM.

A l'époque la plus reculée de notre histoire
nationale, le territoire que nous habitons, la Gaule,
avait pour frontières ses limites naturelles : deux
mers, l'Océan et la Méditerranée ; deux chaînes de
montagnes, les Pyrénées et les Alpes ; un grand
fleuve, le Rhin.

Environ 400 peuplades formaient trois grandes
familles : les Celtes ou Gaëls, les Belges ou Kymris,
les Ibères ou Vascons.

Les Celtes, partis des plateaux du centre
de l'Asie, allèrent toujours droit devant eux,
franchissant hardiment les fleuves et les mers
sur de fragiles embarcations. Arrivés aux bords de
l'Atlantique, ils aperçurent la Grande-Bretagne ;
ils marchèrent encore en avant et ne s'arrêtèrent
qu'en se voyant entourés de tous côtés par l'im-
mensité des mers. Ils avaient le corps teint d'une
couleur bleue, étaient armés de haches, de cou-
teaux en pierre, de flèches à pointe de silex, de
pieux, de longs et étroits boucliers en bois. Ils
étaient aussi pasteurs et l'Europe leur doit le fro-
ment et le seigle.

Les Ibères ou Vascons furent domptés par les

2

nouveaux venus, auxquels succédèrent les Kymris
qui, vers 517 avant Jésus-Christ, arrivèrent sur les

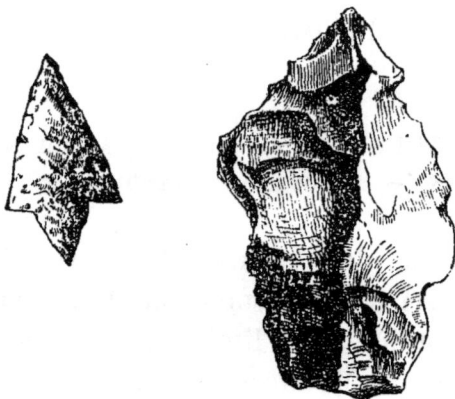

bords du Rhin et le franchirent sous la conduite
de Hu-le-Puissant, leur chef temporel et spirituel.

Çà et là on voyait épars sur les collines de la
Gaule des espèces de camps retranchés ; les maisons spacieuses et rondes étaient faites avec des
claies revêtues de terre battue (1) ; des tables gros-
sières, des peaux de bêtes servant de lits étaient
les meubles de ces vastes et tristes demeures.

Les Gaulois, écrit Diodore de Sicile, ont la
peau blanche et les cheveux blonds, quelques-uns
se coupent la barbe et d'autres la laissent croître
modérément, mais les nobles se rasent les joues et
laissent pousser leurs moustaches de façon qu'elles
leur couvrent la joue. Ils prennent leurs repas, non
pas assis sur des sièges, mais accroupis sur des
peaux de loups et de chiens. On honore les braves
en leur offrant les meilleurs morceaux. Les Gaulois

(1) Voir notre étude sur *les stations préhistoriques d'Itancourt.*

sont d'un aspect effrayant ; dans leurs discours ils
sont menaçants, hautains et portés au tragique ; ils
ont des poètes qu'ils appellent *bardes* et qui chan-
tent en s'accompagnant d'un instrument semblable
à la lyre....... Ils ont pour armes défensives des
boucliers hauts comme eux et que chacun orne à
sa façon. Ces boucliers servent, non-seulement de
défense, mais encore d'ornements ; quelques-uns y
font graver des figures d'airain travaillées avec
beaucoup d'art. Leurs casques ont de grandes sail-
lies et donnent à ceux qui les portent un aspect
tout fantastique. Ils ont des trompettes d'une
construction particulière qui rendent un son
rauque et approprié au tumulte guerrier. Les
uns portent des cuirasses, des mailles de fer ;
les autres combattent nus. Les épées ne sont guères
moins grandes que le javelot des autres nations,
et les lourdes piques qu'ils lancent ont les poin-
tes plus longues que leurs lépées. Les unes sont
droites, les autres recourbées ; de telle sorte que
non-seulement elles coupent, mais encore déchi-
rent les chairs et, en retirant l'arme, on augmente
la plaie.

Le premier aspect de la ville ou du village gaulois est dur : le voyageur recule en apercevant des
têtes d'hommes clouées aux portes de la ville et à
celles des maisons, à côté des hures et des mufles
d'animaux sauvages ; trophées de la guerre rap-
portés au cou des chevaux et mêlés aux trophées de
la chasse.

La nation était divisée en trois classes : les nobles , les prêtres et le peuple. Il y avait aussi des esclaves. La condition civile et morale de la femme y était meilleure que chez beaucoup d'autres peuples de la même époque.

Dans les grandes journées , on voyait les plus jeunes et les plus beaux, dépouillés de leurs vête-ments, étaler au premier rang leurs larges et beaux corps blancs et nus , parés de bracelets et de colliers d'or massif, pour la fête des lances. Les Spartiates, si courageux qu'ils fussent, s'habillaient de rouge pour ne pas voir couler leur sang , les Gaulois s'enorgueillissaient et se décoraient du leur comme d'une parure. C'est qu'ils avaient, par l'espoir d'une seconde vie dans un autre monde , le mépris de la mort, et ils ne dédaignaient rien tant que la lâcheté.

Il ne faudrait pas croire que les Gaulois fussent barbares. Leurs nombreuses inventions, les monuments qu'ils nous ont laissés , et le rang élevé qu'occupait la femme chez eux, le respect dont elle était entourée , prouvent assez que sous un aspect rude et sauvage ils avaient au moins autant, sinon plus, de sentiments nobles , de religion pure et de foi vive que les nations civilisées d'alors.

Tels étaient nos ancêtres et les habitants du Vermandois avant la conquête de Jules César. L'absence de tout document précis ne nous a pas permis de découvrir l'origine de la ville de Saint-Quentin. Évidemment elle remonte à une haute antiquité ; mais nous ne croyons pas, avec les anciennes chroniques « qu'elle fut fondée par Romaus, 16ᵉ roi des Gaulois, 1,400 ans avant Jésus-Christ. » Nous savons seulement qu'elle existait antérieurement à l'ère chrétienne et qu'on a dû y frapper des monnaies qui prouvent son importance ; du moins lui en a-t-on attribué notamment plusieurs portant la légende *viro* (1): on

trouve aussi dans le pays d'autres médailles du même temps.

Le nom que la cité portait autrefois a été l'objet de controverses très sérieuses. On a jadis pensé que c'était la *Samarobrive* dont parlent César et Cicéron.

Ce nom de Samarobrive, en latin *Samarobria*, *Samarobriga*, *Samarobriva*, *Samarobrina* et quelquefois *Somerbrum* serait tiré de sa position sur la Somme ou *Samara*.

Ignorée d'abord, elle devint ensuite très illustre ; nous n'en voulons pour preuve que les passages

(1) Les autres médailles que nous représentons ici, trouvées dans l'arrondissement de Saint-Quentin, sont attribuées aux Nerviens, aux Rèmes et aux Trévires.

où elle est célébrée par Cicéron (Ep. 11 et 12, lib. 7, ad familiar.) et César (de Bello Gallico, lib. 5.)

C'était à Samarobrive qu'on s'assemblait afin de pourvoir aux besoins de l'armée. C'était là qu'on décernait les récompenses militaires.

Saint-Quentin conserva quelque temps encore son nom primitif et nous ne savons au juste l'époque où elle le quitta pour prendre celui de *Veromandua*, tiré de la province dont elle était capitale. Toutefois des savants ont prétendu, non sans de forts arguments, que Samarobrive est Amiens; nous devons reconnaître qu'ils nous paraissent avoir raison. Dans cette hypothèse vraisemblable, l'on ignore le nom gaulois de notre cité.

Quant aux mœurs, aux usages et à la religion des anciens peuples du Vermandois, ils étaient sans aucun doute semblables à ceux des Gaulois et nous venons d'en voir rapidement les traits les plus caractéristiques. Ces peuples avaient la réputation d'être les plus courageux soldats des trois Gaules et les puissances ennemies ne l'ignoraient pas. Aussi quand les Cimbres et les Teutons, un siècle avant Jésus-Christ, franchirent le Rhin et inondèrent toute la contrée, ces trois cent mille barbares respectèrent les provinces de la Gaule-Belgique, car ils redoutaient la valeur de leurs habitants.

Cinquante ans plus tard, une ligue générale des Suessions, des Bellovaques et des Ambiens se forma contre César pour repousser la domination Romaine, et la province de Vermandois avec celle des *Velocasses* fournit un contingent de dix mille hommes. Ils furent vaincus, mais non sans peine, car la coalition dissoute, il fallut dompter chaque tribu. Il en est qui ne résistèrent pas, mais les Veromandues, unis aux tribus du Hainaut, se firent écraser après avoir longtemps disputé la victoire et avoir chèrement vendu leur vie. Enfin le général romain triompha et soumit tout le pays.

Auguste, devenu le seul maître du monde, vint en Gaule et en réforma le territoire qu'il divisa en quatre provinces ; l'une d'elles était la Belgique dont le Vermandois fit partie.

De nombreuses colonies (1) furent établies dans la Gaule pour y propager l'élément romain ; certaines capitales prirent le nom d'*Augusta*, celle des Veromandues fut du nombre et devint *Augusta Veromanduorum.*

Ce nom était, dans l'Empire, le titre du plus grand honneur et de l'autorité suprême ; les villes qui le portaient avaient donc la prééminence dans l'étendue de leur territoire, et ne pouvaient être que des capitales de premier ordre.

Augusta Veromanduorum fut le siége du Sénat de la cité et s'appela *Civitas Veromanduorum.* Elle fut aussi le siége du Pontife ou Grand-Prêtre, chef des ministres de la religion dans le territoire de la cité.

Seize ans après Jules César, on y fonda les Jeux

---

(1) C'est ainsi qu'un lieu près d'Hargicourt, centre de population depuis l'époque quaternaire, s'appelle *Cologne,* en latin *Colonia.*

Augustaux et un collége de prêtres pour en faire et en régler les cérémonies.

Il fallait donc que cette ville fût bien importante puisqu'Auguste en fit en quelque sorte un boulevard contre les attaques des ennemis de Rome.

Suivant les actes de Saint-Quentin, Augusta était ville *municipe*. Les martyrologes de l'abbaye de Sainte-Benoîte et de l'Eglise de Saint-Quentin ne laissent aucun doute à cet égard ; les citoyens jouissaient du droit de bourgeoisie. Ils étaient, comme nous l'avons dit plus haut, gouvernés par un Sénat dont les sénateurs s'appelaient *décurions* et la ville devait avoir, comme municipe, des chevaliers romains, des quatuorvirs, des duumvirs, des censeurs, des édiles et des questeurs.

Cinq voies romaines, dont on peut voir encore aujourd'hui et suivre le tracé, se rejoignaient à Augusta, venant de Soissons, Reims, Bavay, Cambrai et Amiens.

D'ailleurs les médailles frappées sous Auguste, Néron, Tibère, Germanicus et les empereurs suivants, quantités d'urnes sépulcrales, de vases lacrymatoires, de poteries de tous genres, des fragments de marbre, de jaspe, d'albâtre, de mosaïque, etc., vestiges d'anciens édifices, montrent assez que c'était une cité importante.

CHAPITRE II.

L'APOTRE QUENTIN, SES PRÉDICATIONS, SON MARTYRE.

Nous passerons rapidement sur les trois premiers siècles de l'ère chrétienne. L'histoire de ces temps si obscurs et si peu fertiles en faits intéressants ne nous apprend presque rien sur Augusta Veromanduorum. Nous savons seulement qu'elle resta fidèle à son devoir, donna plusieurs preuves de courage et jouit, sous les empereurs, d'une paix profonde malgré les révolutions qui s'agitaient autour d'elle.

Les peuples du Vermandois, occupés uniquement de leurs soins domestiques, honoraient en paix leurs faux dieux lorsque saint Quentin vint de Rome annoncer la foi de Jésus Christ. Le Druidisme, attaqué vigoureusement en Gaule par Auguste et plus tard par Claude, n'était pas encore éteint qu'un adversaire plus redoutable surgissait contre les divinités païennes. C'était le Christianisme. Les apôtres de cette religion nouvelle avaient commencé leurs excursions dans nos contrées dès le milieu du deuxième siècle et comptaient déjà de nombreux martyrs. Les dangers doublaient leur dévouement, et leurs adeptes se recrutaient presque tous dans les hautes classes de la société.

Au commencement du IVᵉ siècle Quintinius,

fils du sénateur Zénon, partit de Rome avec d'autres jeunes gens, nobles comme lui, pour venir
évangéliser notre pays. La persécution, répandue
alors par toute la terre, augmentait encore leur
ferveur en rendant l'entreprise plus périlleuse.
Quentin vint à Amiens où il devait prêcher, ainsi
que dans le Vermandois. C'était vers l'an 302.
Rictus-Varus, avait alors le gouvernement de la
Gaule sous Dioclétien. Ayant appris les nombreuses merveilles opérées par l'apôtre, il le fit arrêter
et mettre en prison. Interrogé, Quentin répondit
qu'il était chrétien et refusa de sacrifier aux idoles.
Rictiovare, furieux, le fit battre de verges par
quatre satellites et reconduire en prison. Pendant
la nuit, Quentin parvint à s'échapper et se
rendit sur la place publique où ses paroles con-
vertirent plusieurs personnes. Arrêté de nouveau
il refusa encore de sacrifier aux faux dieux et fut
menacé de mort.

— Je ne la crains point, répondit-il.

On l'attacha à une roue, puis on le fouetta avec
des chaînes et on lui versa sur le dos de l'huile,
de la poix et de la graisse bouillante tandis qu'on
lui appliquait le long du corps des torches allu-
mées ; mais il paraissait ne pas souffrir.

— Qu'on m'apporte de la chaux vive, du vinai-
gre et de la moutarde, s'écria Rictiovare, que je
lui en verse dans la bouche pour l'empêcher de
séduire davantage ce peuple. » Puis il jura de
l'envoyer à Rome pour y être jugé par l'empereur.

Arrivés à Auguste de Vermandois, les satellites

qui gardaient saint Quentin s'arrêtèrent. Le gouverneur, arrivé le lendemain, réitéra ses menaces de mort et les mit à exécution. En passant à Marteville on fit forger de grandes broches de fer pour en percer le martyr des épaules jusqu'aux hanches et dix autres petites pour les lui enfoncer entre la chair et l'ongle de chaque doigt. Les deux broches de fer furent plantées entre les épaules, et les autres enfoncées toutes rouges au bout des doigts. Ensuite on lui trancha la tête.

Le corps fut gardé jusqu'à la nuit puis jeté secrètement dans un puits de la Somme, avec toutes les précautions nécessaires pour empêcher qu'on l'aperçût jamais.

Cinquante-cinq ans après, Sainte Eusébie, dame romaine, fut avertie miraculeusement de passer en France pour y chercher le corps de saint Quentin. Elle était aveugle et devait recouvrer la vue aussitôt sa mission accomplie. Un bouillonnement de l'eau lui fit découvrir l'endroit où était le corps du Martyr ; on le retrouva sain et entier et répandant une bonne odeur. Transporté sur le haut de la colline, il devint si pesant qu'il fut impossible d'aller plus loin. On l'enterra en cet endroit le 24 juin 357. Une chapelle y fut élevée autour de laquelle se construisit peu à peu une nouvelle ville ; les deux cités, la ville païenne et la ville chrétienne, ne tardèrent pas à se réunir en une seule qui, par une suite d'agrandissements successifs, que nous étudierons dans le cours de cette histoire, devint Saint-Quentin.

CHAPITRE III.

La première organisation de la Gaule par Auguste subit des modifications nombreuses au commencement du IVᵉ siècle, sous le règne de Constantin. La Belgique divisée déjà en trois parties fut subdivisée en deux autres dont Trèves et Reims étaient les capitales.

Auguste de Vermandois se trouvait dans la seconde Belgique, sous la métropole de Reims. Elle resta toujours le chef-lieu des peuples *Veromandui* et devint épiscopale. Dans son district, par conséquent soumises à elle, se trouvaient plusieurs autres villes (*oppida castra*), telles furent Vermand (1), Athies, Péronne, Condren.

Constantin-le-Grand établit des comtes dans les cités, et des ducs dans les villes frontières. Ces comtes et ces ducs rendaient la justice et avaient sous leurs ordres un certain nombre de soldats. L'histoire est muette à l'égard des comtes romains établis chez nous.

En 355, sous Constance, Julien délivra les peuples de la seconde Belgique de l'oppression qui

---

(1) En vain Vermand a prétendu être l'ancienne *Augusta* ; les documents anciens et les monuments eux-mêmes, en dépit de Le Vasseur, prouvent que la capitale romaine fut à Saint-Quentin.

pesait sur eux en les débarrassant des Francs et des Alamans qui se disputaient leur territoire.

Les Francs avaient pénétré dans la Gaule, et malgré les obstacles que leur opposaient les Romains, il vint un temps où ceux-ci durent céder à leur tour. Lors de l'invasion de 418, les Empereurs ne purent résister à l'impétuosité des Barbares. Il paraît cependant que la ville d'Auguste de Vermandois demeura sous la domination romaine jusqu'en l'an 475. Clodion, en effet, fut obligé de rétrograder, en abandonnant Cambrai et Tournai, limites de sa conquête.

Une invasion plus formidable encore suivit de près : c'étaient les Huns, les Marcomans, les Suèves, les Alains, les Gépides, hordes barbares venues du fond de l'Asie et qui, après avoir ébranlé la puissance impériale dans le reste de l'Europe, se jetaient sur la Gaule, chassant devant eux les Goths et les Vandales. La ville, qui avait déjà souffert durant l'invasion des Vandales, fut livrée sans défense à la fureur des Huns, saccagée et brûlée (453.)

Le domaine où avait régné Mérovée n'allait guère au-delà de l'Escaut. Childéric Ier, son fils, l'étendit. Il passa la Somme avec ses marais et entra dans le Vermandois dont la capitale resta dès lors au pouvoir des rois Francs (475.)

A la mort de Clovis (511) la ville échut à Clotaire, l'un des enfants du prince. En 528, le nouveau roi, revenu de la guerre de Thuringe, s'arma contre son propre peuple, passa la Somme et ravagea tous les environs. De nouveaux malheurs vinrent fondre sur la cité, mais grâce à Saint Médard Clotaire restitua les biens qu'il y avait enlevés surtout à l'évêque Alomer.

Vers 532, Saint Médard transféra son siége de la ville d'Auguste de Vermandois à Noyon ; ses successeurs s'établirent en cette nouvelle résidence pour ne plus la quitter de longtemps.

Jusqu'à Saint Médard, dit Cl. Hémeré, les progrès de l'Eglise de Saint-Quentin sont totalement inconnus. La foi n'était pas tout à fait éteinte dans le Vermandois, mais elle se ralluma difficilement. Aussi, pendant plus de trois siècles, on ignora jusqu'au lieu de la sépulture du Martyr. Mais les prodiges s'opéraient toujours, les pélerins affluaient, et, grâce à leurs aumônes abondantes, les Chanoines de Saint-Quentin purent, en 560, rétablir leur Eglise qui, peu après la mort de Saint Médard, était redevenue riche ; une place parmi eux était si estimée, au dire de Grégoire de Tours, que, au VIIe siècle, les chantres les plus distingués de la Chapelle des rois se faisaient un honneur de l'occuper.

De 571 à 638, la ville passa tour à tour au pouvoir de Chilpéric, de Clotaire II, de Dagobert Ier et enfin de Clovis II.

Pendant ces règnes, la basilique florissait toujours et une seule chose inquiétait le Clergé: la perte

des ossements de son glorieux patron. Ste Eusébie
les avait enterrés profondément; on avait connu
autrefois la place de la sépulture, mais les révolutions, les ravages des Barbares avaient fini par
disperser ou détruire les gardiens de ce trésor et le
lieu précis de l'ensevelissement n'était plus connu
de personne. C'est à Saint Eloi qu'on dut la seconde
invention du corps. Les premières fouilles, faites
avec soin sous le sol de l'ancienne Eglise, n'amenèrent aucun résultat. On travaillait jour et nuit,
et le découragement s'emparait des esprits quand
le pieux évêque, qui s'était mis lui-même au travail,
entendit le cercueil résonner sous sa bêche. Le
corps de Saint Quentin fut transféré derrière le
Chœur de l'Eglise et Saint Eloi, qui était orfèvre
habile, fabriqua la châsse où on l'enferma. A l'endroit où le Martyr avait été enseveli, et l'on sait
que c'est aussi en ce lieu qu'il fut décapité, on
plaça une dalle de marbre noir sans inscription ;
celle-ci à son tour devint presque ignorée et on n'en
connaissait plus l'emplacement exact quand un de
nos savants concitoyens, M. P. Bénard, en fit récemment la découverte. Elle est sous le Chœur de la
Collégiale où chacun peut la contempler.

CHAPITRE IV.

RÉFORMES DANS LE GOUVERNEMENT : LES DUCS ET LES
COMTES. — LES ABBÉS ET LES COÛTRES. — LES COMTES-
ABBÉS.

Tout avait changé depuis que l'invasion avait
passé sur la Gaule : les mœurs et surtout la forme
du gouvernement. Les Francs s'étant partagé les
terres des vaincus , les rois avaient pris les prin-
cipales ; les officiers, grands et petits, en avaient
eu d'autres à proportion des services rendus. Les
soldats aussi avaient pris leur part du butin, des
terres et des impôts. Les Gallo-Romains, surtout
les évêques, réglèrent l'administration. On divisa
le territoire en comtés, et les comtés en centuries.
Les comtes avaient le gouvernement des cités, et
les ducs celui des provinces. Les ducs et les comtes avaient l'intendance de la guerre, des finances,
de la justice : ces dignités, données d'abord pour
un temps, devinrent héréditaires par la suite. Les
évêques rendaient aussi la justice, certaines causes
leur étant réservées. Les trois sociétés qui se par-
tageaient la France étaient jugées, chacune selon
ses lois et sa coutume, par ces ducs, ces comtes et
ces évêques.

Dans les bourgs ou les villages était le cente-
nier qui ne pouvait condamner à mort ; le comte
n'avait pas toujours ce droit et le duc ne le devait
exercer qu'avec de grandes précautions. C'était le
roi qui jugeait en dernier ressort, dans les cours

plénières, auxquelles assistaient tous les grands
du royaume, du moins jusqu'à Charlemagne.

Le Vermandois formait alors un comté dont la
ville d'Augusta devint le siège.

Nous ne pouvons dire au juste quels noms portèrent les comtes de Vermandois jusqu'au VIIIe
siècle ; nous en donnons néanmoins une liste sous
toutes réserves :

> Léger, — 484.
> Aimeri, — 511.
> Wagon Ier, — 550.
> Wagon II, — 600.
> Bertrade (comtesse), vers 638.
> Garifrede, vers 656.
> Ingomare, avant 680.
> Leonellus, vers 740.

—

L'Eglise de Saint-Quentin était gouvernée par
des abbés, dont le pouvoir était comparable à
celui des évêques: ils jugeaient les causes concernant leurs chapîtres, percevaient les revenus de
leurs Eglises, nourrissaient leurs clercs, tenaient les
chanoines sous leur dépendance. Après les abbés
venaient les *coûtres*, (1) gardiens des reliques de
saint Quentin.

(1) Colliette nous donne quelques détails sur la haute dignité du
coûtre : à son joyeux avénement, les bannis pouvaient rentrer dans
la ville. — Le Sénéchal de Vermandois menait les coûtres en possession de leur dignité et recevait la mule qui les avait portés. — Dans
la suite, ces coûtres eurent une juridiction temporelle très-étendue,
et se créèrent, aux XIe et XIIe siècles, des représentants appelés
sous-coûtres.

A la fin du VIIe siècle, Auguste de Vermandois avait repris son ancienne célébrité. Nombre de personnages considérables étaient venus s'y fixer et les chanoines avaient fait construire des palais dans l'intérieur de leur cloître, de sorte que la ville était décorée du nom pompeux de *Saint-Quentin-la-Grande* (684).

Son Eglise avait droit d'asile. C'est là qu'en 687, lorsque Pépin d'Héristal eut vaincu près de Testry la *France-Romaine*, comme on appelait la Neustrie, Thierry et Berthaire, ne pouvant trouver de salut que dans la fuite, vinrent se réfugier. (1)

Que se passa-t-il à Augusta sous la première race des rois de France ? C'est ce que nous ne pouvons préciser, car il y a dans notre histoire locale une lacune d'un demi-siècle. Les victoires de Charles Martel eurent un contre-coup fatal qui se fit ressentir surtout dans notre pays. Les combats incessants qu'il livrait nécessitaient des dépenses extraordinaires et, ses ressources épuisées, il lui fallait payer ses soldats autrement qu'en argent. Il leur promit en récompense les biens de l'Eglise, lui-même s'en appropria une partie. Les seigneurs s'emparèrent des évêchés, des monastères et même des paroisses, destituant les ministres et prenant leurs revenus. Les usurpateurs s'adju-

---

(1) Nous savons par saint Ouen que Saint-Quentin, sous Clovis II, avait encore le titre de métropole ; et par Frédogère que cette ville « était illustre et son clergé considérable en 688, » de même que plus tard, en 778, elle était très peuplée et avait un clergé nombreux parmi lesquels on comptait 72 chanoines, sans parler de 80 chapelains et officiers du chœur.

gèrent le titre et les qualités de ceux qu'ils dépouil-
laient, et l'on vit alors les *comtes-abbés*.

Dès ce moment les comtes de Vermandois devinrent abbés de l'Eglise de Saint-Quentin, titre
qu'ils gardèrent de longues années malgré les
efforts des évêques.

Charlemagne fit des lois qui les autorisaient ;
Louis - le - Débonnaire nomma son fils abbé, et
Charles - le - Simple octroya la même dignité
au comte Robert. La chronique nous donne ,
comme comte abbé d'Auguste de Vermandois,
Jérôme fils de Charles Martel et de Suanichilde,
sa seconde femme. C'était par conséquent le frère
consanguin de Pépin-le-Bref, premier roi de la
race des Carolingiens. Il avait trois frères ger-
mains : Greffon, Remi et Bernard qui fut archevêque de Rouen.

Jérôme eut trois fils, dont l'un Fulrade nous
fournira plus loin le sujet de quelques pages. Il
commença d'occuper cette double dignité de
comte-abbé vers l'an 752. Mort en 771, il eut pour
successeur son fils Fulrade qui prend le cinquième rang dans l'ordre distinct des abbés de
Saint-Quentin et le quatrième parmi ceux qui ont
été certainement ecclésiastiques.

Chose curieuse, il y eut à cette époque une séparation du gouvernement temporel du Vermandois avec l'administration spirituelle de l'Eglise de
Saint-Quentin. Jérôme eut donc deux successeurs :
Guntard dans la dignité de comte, et Fulrade
dans celle d'abbé. A quelle cause attribuer ce

changement subit? Nous l'ignorons. Nous ne savons rien non plus de l'administration du comte Guntard, si ce n'est qu'il prit part à l'assemblée et aux délibérations faites par Charlemagne dans son château de Quierzy.

C'est à l'abbé Fulrade que nous devons le troisième renouvellement de l'Eglise dont il paraît s'être occupé toute sa vie. Le poëte Théodulphe consigna le fait dans ses Fastes et ses vers furent gravés en lettres d'or sur le frontispice du monument. Grâce aux dons de Charlemagne, l'abbé Fulrade put réédifier son Eglise, l'orner et l'enrichir. Les chanoines reçurent en don la terre de Fontaine-les-Clercs et ses dépendances. L'empereur, dans sa générosité, ajouta encore à sa donation tous les ornements de sa Chapelle, entre autres choses un calice d'or du poids de 60 marcs, un Evangéliaire, une croix, deux chandeliers d'argent, un reliquaire précieux, etc. Quant il mourut, les chanoines, voulant prouver leur reconnaissance envers lui, adoptèrent son culte. On célèbre sa fête chaque année, le 29 janvier.

L'Eglise de Fulrade fut bénie en 816, (huit ans avant d'être terminée) par le Pape Etienne II.

Fulrade étant mort (30 janvier 826) Guntard remit les choses dans l'état où elles se trouvaient auparavant, c'est-à-dire qu'il joignit, à son titre de comte, celui d'abbé. Nous ne connaissons de lui que la date de sa mort (833).

Le comté de Vermandois échut à Adélard, et

Hugues fut nommé abbé de Saint-Quentin. Ce dernier était fils naturel de Charlemagne et d'une concubine nommée Régina. Il avait pour frères Rogon et Thierry, nés de la même mère ; on le représente comme un homme pieux, juste et compatissant.

Louis-Auguste était remonté sur le trône dont l'avait si injustement dépossédé son fils Lothaire. Il devait sa délivrance à l'intervention de l'abbé Hugues; aussi, pour le récompenser, en fit-il son premier secrétaire et son intime confident. Ces faveurs faisaient qu'on appelait Hugues « le cher frère de l'Empereur, le premier notaire de son sacré palais. »

Ce prélat fit orner magnifiquement l'Eglise et bénir les ouvrages terminés depuis 816. Ce fut Drogon, évêque de Metz, qui consacra l'édifice au milieu d'un grand concours de peuple et des personnages les plus illustres de l'époque.

Le corps de Saint Quentin avait été transféré dans la crypte construite par Fulrade ; Hugues voulut lui donner une société digne de lui. Il avait suborné un moine du monastère de Saint Bertin, afin d'avoir le corps de Saint Omer ; mais l'évêque Folquin, instruit de ce projet, avait fait échouer sa tentative. Il fit d'autres démarches près de l'évêque d'Autun dont il était l'ami. Sa haute naissance et son crédit décidèrent l'évêque qui promit et donna le corps de Saint Cassien (840.)

Un an après la bataille de Fontenay, le roi Charles-le-Chauve épousait Ermentrude, nièce

d'Adélard, comte de Vermandois. La solennité des
noces terminées Charles se fit un devoir de venir
à Saint-Quentin pour célébrer les fêtes de Noël et
de l'Epiphanie.

L'abbé Hugues mourut le 8 juin 844, pendant le
siège de Toulon par Charles-le-Chauve. Il fut tué
dans une bataille où sa mission était, peut-être,
d'accompagner les rois ses parents ou de leur
mener des troupes levées parmi les vassaux de
ses Eglises.

Le comte Adélard prit immédiatement le titre
d'abbé de Saint-Quentin et de Sithiu. L'administration de l'Eglise était chose trop précieuse aux
yeux des comtes pour ne pas s'en saisir à la première occasion. A partir de ce moment, les abbés
de Saint-Quentin furent tous *laïcs* et comtes en
même temps (844).

Charles-le-Chauve vint en 845 à Auguste de
Vermandois. On profita de cette circonstance pour
placer le corps de saint Cassien, gardé depuis
cinq ans dans l'Eglise, dans un cercueil de ma -
bre. Ce fut le roi lui-même qui l'y plaça en présence d'un grand nombre d'évêques et de hauts
personnages ; il donna aussi à l'Eglise le village
de Tugny et ses dépendances pour servir, à perpétuité, à l'entretien du luminaire (1) qui brûlerait

(1) Grâce à ce revenu et aux nombreux présents qu'on reçut de
toutes parts, on put augmenter la magnificence de ce luminaire qui
devint fameux. On avait fait fondre une immense couronne qui, attachée par une chaîne de fer à la voûte du chœur, pendait devant le
grand autel : elle était faite de cuivre argenté, son diamètre mesurait

devant les deux saints, et à la construction d'une châsse.

En 848, Charles-le-Chauve revint à Auguste de Vermandois. Ce fut dans l'Eglise de cette ville que, sur la plainte d'Hincmar évêque de Reims, il ordonna aux détenteurs des biens de cette Eglise de les lui restituer au plus tôt.

seize pieds, sa circonférence était garnie de douze petiles tours sous lesquelles étaient inscrits les noms des [apôtres, et, plus bas, deux vers latins expliquaient le martyre de saint Quentin. Chaque inter-tervalle avait une petite pointe destinée à porter un cierge. Le coûtre faisait allumer cette couronne aux jours de solennité. Il n'y eut peut-être jamais, dans aucune Eglise de France, de luminaire plus brillant. Une grosse poutre de bois, devant les reliques, portait aussi de gros cierges que l'on allumait durant le service divin.

CHAPITRE V.

LES NORTHMANS

La France n'était pas encore rétablie des ravages causés par les Vandales et les Huns quand une nouvelle horde de barbares vint fondre sur elle. C'étaient les Northmans venus du Danemark, de la Suède, de la Norwége pour chercher ailleurs ce qui manquait dans leur pays. De cinq ans en cinq ans, ils envoyaient des peuplades de jeunes gens, sous la conduite d'un roi, tenter la fortune au dehors. La France était bien le pays qui devait les attirer davantage, aussi le désir du butin les portait-il toujours sur nos plus riches contrées. Le fanatisme religieux se joignait au fanatisme guerrier ; ils pillaient les Eglises où ils faisaient coucher leurs chevaux et massacraient impitoyablement tous les prêtres : « nous leur avons chanté la messe des lances » disaient-ils dans leurs chants de guerre.

Venus pour la première fois sous Charlemagne, ils s'étaient enhardis peu à peu pour revenir bientôt chaque année. Ils remontaient les fleuves et pénétraient dans l'intérieur des terres où parfois ils s'établissaient à demeure. En 851, ils débordèrent dans la Belgique, où ils pillèrent et incendièrent une foule de lieux. Auguste de Vermandois fut respectée, mais les jours de deuil viendront aussi pour elle. Nous avons déjà dit l'affection que portaient à cette ville les rois de France, et surtout Charles-le-Chauve, qui vint y tenir, en 852, une conférence avec son frère Lothaire. La même année, Adélard, comte de Vermandois, déjà abbé de Saint-Quentin et de Sithiu, s'empara encore du monastère de Saint-Vaast, d'Arras ; mais, en même temps et sur ses encouragements, le chanoine Hildrade construisit, dans l'étendue du cloître, un riche hôpital qu'il dota de biens considérables dont les revenus seraient employés à nourrir et entretenir un certain nombre de pauvres. Le 12 janvier 853, Adélard obtint de Charles-le-Chauve une charte approuvant l'érection de cet hôpital (1) et la concession de tous les biens qu'Hildrade y avait attachés.

Les provinces se plaignaient des ravages causés par les Northmans pendant les deux années précédentes. Les prêtres, on l'a vu, avaient particulièrement souffert. Ils portèrent leurs doléances au roi qui, dans plusieurs assemblées, nomma des commissaires chargés d'aller visiter les dommages, avi-

(1) On sait qu'il y avait alors dans la ville un hôpital désigné dans les anciens titres sous le nom d'*hospitale magnum* ou *hospitalaria magna*, grand hôpital. Si ce n'est pas le même que celui d'Hildrade, et tout porte à le croire, il est probable qu'il a dû être fondé à peu près à la même époque. L'étendue en était très considérable ; plus tard il fut même un temps où elle comprenait tout l'espace qui s'étendait depuis la rue de *Saint-Nicolas-de-Prémontré* à l'auberge appelée la *Petite Notre Dame*, en passant par les rues de la *Poissonnerie*, de la *Sellerie* et de l'*Orfèvrerie*. Les chanoines de Saint-Quentin, qui en possédaient la propriété territoriale avec la justice, étaient aussi seigneurs de tout le district compris dans ce grand hôpital.

ser au rétablissement des Eglises et des monastères;
pour la province de Vermandois, il désigna Immon
et Adélard.

Charles, se rendant en 855 à son palais de
Quierzy, passa par Augusta, accompagné de Ri-
childe sa nouvelle épouse. Il y revint encore en
857, avec sa cour, et y régla, dans une assemblée
solennelle, les conditions de paix dans lesquelles
il voulait vivre avec ses neveux, les enfants de
Lothaire. Il avait quitté Ermentrude : la disgrâce
de cette princesse entraîna sans doute celle de
son oncle le comte Adélard qui fut déchu en 858.
Cette même année, Augusta reçut encore une
visite princière : celle de Louis de Germanie qui
vint y passer les fêtes de la Nativité.

Les chrétiens de ces temps, dans la ferveur de
leur foi, mettaient au-dessus de toutes choses la
possession des reliques des saints. Pour protéger
contre les ravages des Northmans celles de Saint-
Quentin et de Saint-Cassien qu'ils vénéraient si
profondément, les habitants d'Augusta redressèrent
les murs de leur ville et remplirent de munitions les forteresses de la province. Malheureusement ces précautions furent inutiles, le Vermandois fut couru, pillé, incendié ; Noyon fut détruite
et Immon massacré (859).

Le comte Adélard mourut en 864. Il était rentré
en crédit auprès du roi, car celui-ci, dans un acte
officiel, l'appelle *son illustre comte, le dépositaire
de ses secrets, son ministre fidèle.*

Beaudouin, comte de Flandre, surnommé Bras

de fer, avait fait la paix avec Charles-le-Chauve qui lui donna une grande partie du Vermandois. C'est vers cette époque (865) que la ville d'Auguste de Vermandois commença à prendre le nom de son patron, pour le conserver définitivement à partir de 883.

Les guerres semblaient s'être éteintes pour longtemps, le calme renaissait dans la ville. On en profita pour remettre en l'Eglise les reliques cachées onze ans auparavant (870). Peu après le roi vint à Augusta (874) tenir ses plaids généraux.

Baudouin mourut vers l'an 878 ; son successeur fut Tetricus ou Teutricus qui se fit comte-abbé. L'histoire ne nous a rien conservé à son sujet.

La tranquillité, plus apparente que réelle, ne fut pas de longue durée. Les Northmans revinrent plus redoutables que jamais. Cette fois ils exercèrent leurs ravages en Flandre. Auguste de Vermandois craignit pour les reliques de ses Saints ; on se hâta de les cacher d'abord, puis on jugea plus prudent de les éloigner de la ville.

Elles furent transportées à Laon, le 1er janvier 881. Cette cité bâtie sur une montagne, semblait être d'un accès moins facile et d'une défense plus commode. Le mois précédent, les Northmans avaient brûlé Sithiu. Ils s'avancèrent jusqu'à la Somme, saccageant tout sur leur passage. Cambrai fut détruit, le monastère de Saint-Valéry subit le même sort. Les Northmans se ruèrent ensuite sur Amiens et Corbie. A la fin de février, ils étaient à Arras,

Remis de leur frayeur, les habitants d'Augusta crurent pouvoir reprendre en toute sûreté les reliques de leur patron. On les ramena le 2 février 882 ; malheureusement l'invasion recommença et la ville ne fut pas épargnée. On dut transporter de nouveau les reliques à Laon (1) ; quelques jours après vinrent les barbares qui réduisirent en cendres ce qu'ils n'avaient pu enlever de la cité. La magnifique église élevée par Fulrade cinquante-neuf ans auparavant fut anéantie.

Carloman fondit sur les pirates et les mit en fuite. Aussitôt après leur retraite, Teutricus fit rebâtir les murs de sa capitale afin de la mettre, autant que possible, à l'abri de nouveaux ravages. Son enceinte fut agrandie et l'église de St-Quentin avec le territoire de la colline y fut enfermée. C'est à dater de ce moment qu'Auguste de Vermandois perdit ce nom pour devenir Saint-Quentin.

(1) Dom Grenier place ce fait à la date de 885.

CHAPITRE VI.

SAINT-QUENTIN SOUS PÉPIN VI ET HÉRIBÉRT Ier.

L'empereur Louis qui, après avoir ravi tous les biens de Bernard roi d'Italie, l'avait fait aveugler, se repentit de sa cruauté et, pour dédommager son fils, Pépin IV, lui donna le Vermandois. A partir de ce prince, la province devint héréditaire.

En 891, c'est-à-dire un an avant sa mort, Pépin IV céda le comté de Vermandois à son fils Héribert Ier (1) qu'il avait déjà associé aux principaux actes de son gouvernement ; Héribert n'était donc pas inconnu et personne ne songea à lui disputer cette succession.

Les invasions, les troubles, les révolutions de toute nature avaient bien changé la face des choses et, si le royaume était démembré, la royauté l'était aussi.

Le roi, n'étant pas plus puissant que les comtes et les autres seigneurs, devait renoncer à se faire obéir. La noblesse, devenue indépendante, transformait les contrées confiées à sa garde en autant de petites souverainetés héréditaires. Ce changement se fit rudement sentir au peuple qui fut

---

(1) Certains auteurs, notamment Colliette, ont appelé ce comte Hébert, d'autres Herbert. Nous lui restituons son nom d'Héribert, de *Heribertus*, d'après les chartes du temps.

accablé d'impôts pour subvenir aux dépenses prin-
cières des seigneurs. Le Vermandois venait encore
d'être ravagé par les Northmans : ses comtes ne
l'épargnèrent pas , il eut tout à souffrir de leur
caprice et de leur ambition.

Les premières années du gouvernement d'Héribert se passèrent sans qu'on ait aucun reproche
à lui adresser. Il s'occupa surtout de l'église de
Saint-Quentin qu'il fit reconstruire sur l'emplacement de l'ancien monument et qui fut achevée en
873. A la même époque, le comte de Paris, Otger ,
ancien chanoine de Saint-Quentin et évêque d'A-
miens, fit don au Chapitre de notre ville du corps
de Saint Victorice. Mais la paix ne devait pas durer
longtemps ; aux maux causés par les invasions des
Barbares vinrent s'ajouter les horreurs de la guerre
civile.

Selon toute vraisemblance, le Vermandois fut
attaqué en 894 par le roi Eudes qui reprit sur ses
ennemis le château de Trosly , près Noyon , et ,
quelle que fut alors la conduite du comte Héribert,
dut être le théâtre de nombreuses déprédations.
En 897, le comte Héribert se déclara ouvertement
le protecteur de Charles-le-Simple, quand celui-ci
cherchait à regagner la couronne et à revendiquer
ses droits. Baudouin II, comte de Flandre et Raoul,
comte de Cambrai, étaient prêts à réunir , comme
Héribert, tous leurs vassaux pour défendre Charles,
lorsque Héribert quitta le parti du roi et se
tourna contre lui. On ne sait trop à .quelle cause
attribuer cet acte de déloyauté, mais on peut sup-

poser que Robert II, comte de Paris et frère d'Eudes, exerça une certaine influence sur la conduite du comte, car quelque temps après un mariage vint resserrer davantage les liens qui les unissaient. Cette infidélité fut la source d'une haine implacable entre le comte de Cambrai et celui de Vermandois. Le frère de Baudouin II, Raoul de Cambrai, prit à Héribert (897) les deux villes de Péronne et de Saint-Quentin, mais il dut bientôt les abandonner à son ennemi (898).

Plus tard, Héribert se rallia au roi et obtint sa grâce. Il fut réintégré dans son ancienne dignité et, pour calmer la jalousie de ses adversaires on fit promettre à sa fille Alix d'épouser Arnoul, fils du comte de Flandre.

Baudouin ayant fait massacrer Foucauld archevêque de Reims (17 juin 900), Héribert eut sa part des dépouilles de la victime, mais deux ans après il tombait sous les coups du même assassin.

Héribert Ier avait tous les défauts de son siècle ; d'un caractère farouche, indomptable et trop ardent pour n'être pas mobile à l'excès, il n'avait pas assez de qualités pour atténuer ses vices, et la barbarie de ses mœurs ne se concilia jamais avec les marques de piété qu'il donna.

Il eut pour successeur Héribert II, l'aîné de ses fils, dont nous parlerons plus longuement, car il tient une large place dans notre histoire.

CHAPITRE VII.

HÉRIBERT II

La paix régnait à Saint-Quentin lors de l'avénement d'Héribert. On ne craignait plus les Northmans ; aussi le comte, le clergé et le peuple résolurent-ils de remettre dans la crypte les corps des trois saints. Cette solennité, présidée par saint Rambert, eut lieu en présence d'une multitude d'ecclésiastiques et de fidèles. (12 janvier 903).

Les complaisances de Charles-le-Simple pour ses favoris irritèrent les grands. Le comte de Paris se révolta ; Héribert le soutint contre le roi et brûla le monastère de Corbie dont il ravagea tout le territoire (913). Mais ces hostilités n'eurent pas de suites.

La vieille rancune du comte de Flandre n'était pas non plus éteinte ; Raoul, le frère de Baudouin, s'était jeté sur une partie des possessions d'Héribert. Celui-ci défit ses troupes, le tua et ravagea le Cambrésis (908). Ces succès calmèrent, pour un temps du moins, l'humeur altière de la maison de Flandre.

En 920, à l'assemblée de Soissons, les seigneurs, de plus en plus mécontents du roi, déclarèrent qu'ils ne lui obéiraient plus s'il ne changeait de ligne de conduite. Ils tinrent parole. En 922,

Robert, duc de France, recevait la couronne de leurs mains. Héribert II joua un rôle actif dans ces événements et fut un des premiers parmi les factieux : le souvenir des cruautés que son bisaïeul Bernard avait endurées était pour lui un motif de haine contre la branche régnante des Carolingiens.

, Cette même année, Héribert avait délivré Sculfus, archevêque de Reims, des seigneurs de Châtillon et de Bazoches dont il prit les dépouilles. En outre il obtint que son fils Hugues remplacerait l'archevêque sur le siége sacré ; dans son ambition, il vit là un accroissement de puissance et d'autorité, il porta même ses vues plus haut. Le comte de Saint-Quentin allait être par son fils (1) le dépositaire de la couronne des rois de France !

L'année suivante Charles-le-Simple défendit, les armes à la main, son trône contre Robert. Le comte était à la tête des révoltés ; la bataille eut lieu près de Soissons et fut sanglante. Les pertes des deux côtés atteignirent 20,000 hommes. Charles fut battu, mais Robert fut tué. Il fallait élire un nouveau roi. Héribert comptait sur tous les suffrages, mais le choix des seigneurs tomba sur Raoul de Bourgogne, fils du duc Richard et gendre de Robert : en effet, le comte était détesté de toute l'armée et chacun connaissait son caractère cruel et perfide : aussi s'était-on gardé de lui donner le

---

(1) On sait que la coutume était établie de faire couronner le roi par l'archevêque de Reims.

pouvoir. Il ne fit rien paraître de son ressentiment, mais sa colère éclata plus tard et se montra dans les crimes dont il se rendit coupable.

Rentré dans ses domaines, Héribert envoya le comte de Senlis et d'autres députés à Charles-le-Simple lui faire des propositions de paix. Nul ne soupçonna, dans cette ambassade, une trame odieuse et le roi moins que tout autre. Plein de confiance il vint, avec une faible escorte, près du comte qui le fit aussitôt saisir et enfermer à Château-Thierry. Héribert avertit de cette capture Raoul de Bourgogne dont il s'attira ainsi les faveurs et avec l'aide de qui il put chasser quelques Northmans entrés dans la province en son absence (924); puis il le fit sacrer roi à Saint-Médard de Soissons.

Les évêques, indignés contre les seigneurs, assemblèrent un Concile où ils flétrirent leur conduite coupable et imposèrent une pénitence publique de trois carêmes à observer durant trois années consécutives à tous ceux qui se battirent à Soissons. Héribert, contre qui ce décret paraît avoir été lancé, ne semble pas s'y être soumis. On sait d'ailleurs son autorité sur l'archevêque de Reims et la convention qui les liait.

Les Northmans étant venus en 925 ravager la Bourgogne, Héribert partagea, avec le roi, la gloire de les en chasser. Estimé du prince, le comte de Vermandois fut chargé par lui des entreprises les plus difficiles comme des négociations les plus délicates.

Sculfus étant mort empoisonné, le comte qui depuis longtemps enviait sa place, s'empressa de la donner à son fils Hugues âgé de cinq ans. Nul n'osa s'élever contre cet acte approuvé par le roi et confirmé par le pape Léon X. On voit combien était grande la puissance du comte et quel redoutable respect il inspirait.

Héribert avait sollicité pour son fils Eudes de Vermandois le comté de Laon que le roi donna en 927 à son propre fils Roger. A cette nouvelle, il rompit avec le roi et vint assiéger la reine réfugiée à Laon, mais une armée nombreuse l'obligea à se retirer. A la même époque le comte faisait successivement transférer Charles-le-Simple de Coucy (1) à Saint-Quentin et à Péronne.

Raoul se jeta sur le Vermandois et allait livrer bataille sans l'intervention du comte de Paris qui réconcilia les deux ennemis et fit avoir à Héribert la ville de Laon à la condition qu'il reconnaîtrait son ancien allié pour son souverain. Héribert consentit et obtint encore la province de Vienne en Dauphiné pour son fils.

Le 7 octobre 929 mourut Charles-le-Simple, roi de France, après six ans de captivité. Raoul, qui s'était attaché le comte de Paris, oublia bientôt les services qu'Héribert lui avait rendus et le traita avec moins d'égards. Il alla mettre le siége devant Arras, mais le comte étant accouru au se-

(1) La tour de Château-Thierry, où Charles était enfermé, ayant été incendiée, le prisonnier avait été enfermé à Coucy.

cours de la ville, il dut reculer. Cette circonstance
fut la source de nombreux malheurs qui devaient
assaillir coup sur coup la ville de Saint-Quentin.

Irrité, le roi écrivit à Reims qu'on eût à choisir
un autre archevêque et à chasser le jeune Hugues.
Les habitants n'osèrent obéir. Raoul vint les assiéger et triompha de leur résistance. Héribert se
retrancha dans Laon où il attendit Raoul, puis
forcé de quitter cette place se jeta sur Ham et
s'en empara. Tandis que le roi lui retirait le titre
d'abbé de Saint-Médard, il avait à lutter contre le
comte de Paris qui continua les hostilités com-
mencées et vint assiéger Saint-Quentin. La défense
fut vigoureuse et dura deux mois ; enfin la ville
se rendit. Bientôt Héribert, abandonné de tous,
n'eut plus que sa ville de Péronne ; à bout de ressources, il tenta un effort désespéré. Aidé de
son fils Eudes, et avec le concours dévoué de
ses vassaux, il reprit Ham, Château-Thierry et
Saint - Quentin qu'il ne put conserver. Quel -
que temps après, le roi mit le siége devant
Château-Thierry. Héribert s'était enfermé dans la
forteresse qu'il ne voulut pas quitter, malgré la
reddition de la ville. Enfin, il obtint une trève pendant laquelle il put jouir de Château-Thierry,
Ham et Péronne ; la paix ne fut signée qu'en 935.

Hugues avait donc en sa possession le château
de Saint-Quentin quand les Lorrains, profitant de
l'éloignement du roi, vinrent sommer la ville de
se rendre. Elle refusa, ils l'assiégèrent, la prirent
et rasèrent le château.

Bosson, frère de Raoul, fut tué dans la défense (935). Héribert recouvra facilement la place. Deux ans plus tard, s'étant réconcilié avec le roi, il rentra en possession de tous ses biens. Malheureusement son excessive ambition l'entraîna vers de nouveaux excès et la paix ne fut pas de longue durée. Excommunié, il voulut rétablir à tout prix son fils Hugues dans la dignité dont on l'avait dépossédé. Il attaqua Reims, l'enleva après six jours de siége et y fit reconnaître une seconde fois pour évêque son fils Hugues, chassé depuis 8 ans (940).

Le comte Héribert II mourut en 940, pendu, selon Raoul Glaber, sur une montagne entre Laon et Saint-Quentin ; mort, selon Flodoard, dans Saint-Quentin même, entouré de ses enfants (1).

Voici suivant la tradition, le récit de cette mort tragique : « Après sa réconciliation avec Louis d'outremer, Héribert était à Laon, en compagnie du roi, prêt à se mettre à table avec lui. La con-

---

(1) D'après Colliette, Héribert II fut enterré à Saint-Quentin, dans la chapelle Notre-Dame-de-Labon. Cette chapelle, contiguë à la sacristie de la basilique, fut le lieu de sépulture de nos premiers comtes. Elle ne faisait pas partie de l'Eglise, car on sait que la coutume de l'époque s'y opposait formellement. Sur la tombe, on posa une pierre représentant le comte avec *une corde au cou*. Cette pierre disparut au commencement du XVIII⁰ siècle, lors d'une réparation qu'on fit au pavé de la chapelle. Elle était à l'entrée, à gauche, avait six pieds de long sur trois de large et était faite de pierre *marnaire*. Le comte y était représenté de tout son long, ayant la tête du côté du portail et les pieds tournés vers l'autel.

Q. de Lafons ne décrit pas ce monument. Il n'en parle pas au chapitre LXXII (t. ii, 1er §, p. 189, Ed. Ch. Gomart) *de l'Eglise Notre-Dame-de-Labon*, il se borne à la signaler au chapitre XIX, t. ier, p. 88, de la même édition et ne se montre pas *complétement affirmatif*.

versation roulait sur les troubles qui avaient agité le royaume depuis plusieurs années. Le roi lui demanda de quel supplice il pensait qu'on dût punir le sujet qui aurait trahi son souverain. — De la hart, répondit précipitamment Héribert. La conversation en resta là. Le comte se mettait à table quand il trouva sous son couvert la sentence qui le condamnait; saisi à l'instant et conduit au Mont - Fendu, entre Laon et Saint - Quentin, où son gibet devait être le spectacle de ces deux villes, il reçut froidement l'arrêt et marcha sans émotion à la mort. Le bourreau n'eut même pas besoin de remplir son office ; Héribert se passa lui-même la corde au cou ; et, piquant le cheval qu'il montait, demeura pendu. Le Mont - Fendu fut appelé dès lors le Mont - Héribert ou Mont-Hébert. »

Les actes d'Héribert II ont fait assez voir quel était son caractère pour que nous n'ayons pas besoin de le retracer ici. Nous savons comment il traita Saint-Quentin pendant les quarante années de son gouvernement et ce que notre ville a souffert sous lui. Quant à son titre d'abbé, nous ne voyons pas à quoi il lui a servi, car il ne s'occupa guère de la Collégiale ni de ses chanoines. Il avait épousé la fille du roi Raoul, Hildebrande, dont il eut cinq fils : Eudes, Albert Ier, Hugues, Robert comte de Troyes et Héribert comte de Meaux.

CHAPITRE VIII.

ALBERT Ier, HÉRIBERT III, ALBERT II, OTHON ET HÉRIBERT IV.

« Tel qu'un voyageur qui jouit tout à coup d'un ciel pur et serein après la disparition de la tempête et qui voit avec joie la nature , attristée par les pluies et l'orage, reprendre ses fleurs, s'en parer encore, et se rembellir au retour d'un soleil clair et sans nuage ; ainsi le lecteur va être ravi des vertus d'Albert Ier, etc. » C'est ainsi que P. L. Colliette commence , assez pompeusement , l'histoire de ce comte dont l'avénement ne laissa pourtant pas que d'être funeste à notre ville ; en effet , Raoul de Goï voulait sa part de l'héritage ; il envahit donc le Vermandois, mit le feu à Saint-Quentin et ravagea les environs, mais il périt dans un combat en 943.

Albert Ier , dit le Pieux , eut des mœurs plus douces, un caractère plus pacifique que son père ; sa vie se passa en bonnes œuvres, fondations et dotations d'Eglises ou de monastères. C'est à lui qu'on doit les abbayes de Saint-Prix, d'Homblières (954), de Saint-Quentin-en-l'Isle et du Mont Saint-Quentin près Péronne. Il faut toutefois reconnaître que les terreurs de l'an mil et la pression du clergé eurent une grande part sur ces actions ; la prédiction faite à la mère de Gerberge , seconde

femme de Albert Ier, ne fut pas non plus sans
influence.

Le fait qui doit surtout attirer notre attention,
c'est la révolution sociale accomplie dans notre cité.

De nombreuses discussions ont eu lieu entre les
historiographes sur l'époque de l'établissement des
communes dans les villes de France. La commune
de Saint-Quentin est, sinon la plus ancienne, du
moins une des plus anciennes de France. Quelques
auteurs la font remonter à Héribert II, d'autres à
Héribert Ier ; l'opinion générale est qu'elle fut établie sous Albert Ier, bien qu'on ne puisse fixer de
date précise, mais nous savons qu'il y avait un
Mayeur à Saint-Quentin en 986, sous le comte
Albert par conséquent.

Les Communes eurent différentes origines: tantôt
c'était le peuple secouant le joug que les seigneurs
faisaient peser sur ses épaules, tantôt les riches
habitants des villes déclarant guerre ouverte aux
seigneurs, tantôt association d'un peuple que le
travail, le commerce et l'industrie rendaient l'égal
de ces mêmes seigneurs. Le but était toujours le
même : l'affranchissement des servitudes.

La Commune qu'Albert Ier permit aux habitants
de Saint-Quentin d'établir chez eux ne dut pas
rencontrer d'obstacle près de lui et s'établit sans
résistance. Les habitants s'appelèrent alors *bourgeois* (burgenses) ; à la ville était annexée une banlieue comprenant les fermes, maisons de campagnes et hameaux voisins.

Le droit des communes éteignait les servitudes

en assurant aux seigneurs, de la part des vassaux, les redevances sous lesquelles il avait été concédé. Ces redevances, annuelles, se payaient en espèces et en nature. Il ne paraît en avoir été attaché à ce privilège pour la ville de Saint-Quentin ; mais plus tard, sous Raoul Iᵉʳ, la charte fut renouvelée à *prix d'argent.*

Les habitants furent libres de choisir et de nommer eux-mêmes leurs juges ; cependant le comte prononçait en dernier ressort ou confirmait le verdict. Les magistrats, élus pour un temps déterminé, étaient renouvelables. A leur tête se trouvait le *mayeur,* les autres s'appelaient *jurés* et *échevins* (jurati et scabini.)

Albert Iᵉʳ mourut le 8 ou le 9 septembre 987. Il fut enterré dans l'église de Saint-Quentin ; on ignore en quel endroit (1). Il laissait quatre fils, Héribert III, Othon de Vermandois, Lindulphe qui fut évêque de Noyon et Guy, trésorier de cette église. Ce fut Héribert III qui lui succéda, avec le titre de comte abbé (987) lui ressemblant pour la piété et le caractère ; c'est ainsi qu'il donna à l'Eglise de Saint-Quentin la terre de Sinceny, dont le revenu devait servir à l'entretien du fameux luminaire dont nous avons parlé. Cette terre ayant été disputée aux chanoines, ceux-ci y transportè-

(1) Colliette nous dit que le jour de la mort de ce comte, sa tombe devait être couverte d'un drap mortuaire et ornée de quatre chandeliers et de quatre cierges qui devaient brûler pendant la messe chantée pour lui ; plus tard il y eut ce jour-là festin solennel et don de trois sols pour les pauvres.

rent le corps de leur patron ; l'influence religieuse était telle à cette époque que les usurpateurs cédèrent aussitôt. On s'empressa d'offrir de toutes parts de nouveaux dons à l'Eglise.

Que se passa-t-il à Saint-Quentin depuis cette époque jusqu'en l'an 1012 ? Nous l'ignorons. L'état de prostration complète où la crainte de l'an mil avait plongé toute la France laisse une lacune dans notre histoire.

Héribert III mourut en 1014 ; nous ne savons rien de son fils Albert II qui mourut vers 1021, et fut le quatorzième comte abbé de Saint-Quentin. Selon Baudry, le chroniqueur de Cambrai, Albert II tomba malade après une vie de désordres ; menacé de mort, il voulut faire pénitence et se retira dans l'abbaye d'Homblières ; la santé lui revenant et avec elle ses anciennes passions, il jeta le froc pour reprendre le manteau comtal, mais la maladie qui le minait depuis longtemps éclata de nouveau et il mourut la langue rongée par un chancre. Comme ses ancêtres, il dut être enterré dans la Chapelle de Notre-Dame de Labon.

Sous son gouvernement, la Collégiale avait reçu en don les fiefs, terres, seigneuries, patronages de l'Eglise de Bourg Dun et de celle de Sotteville, au pays de Caux. Richard III, de Normandie, les avait données à Dudon, chanoine de Saint-Quentin (1015).

Othon remplaça son frère dans sa double dignité. Tout le temps qu'il gouverna il fit preuve d'une pieuse générosité principalement en faveur des abbayes d'Hommblières et de Saint-Prix. Il mourut le 25 mai 1045, laissant sa succession à Héribert IV. Celui-ci était fort aimé d'Henri Ier qui vint la visiter, en 1047, avec toute sa cour. On connaissait la prodigalité du roi en faveur des églises, aussi profita-t-on de l'occasion pour accourir vers lui. Henri, après avoir fait don de ses propres biens, engagea les seigneurs à l'imiter. Sur sa recommandation qui était presque un ordre, Baudouin de Vermandois fit don à l'abbaye de Saint-Prix du village de Senercy ; un officier du comte, Herembaldris, alla plus loin, il se fit moine en cette abbaye à laquelle il donna tout ce qu'il possédait.

En 1067, le lendemain de la Toussaint, un plaid présidé par Héribert IV fut tenu en la Collégiale, devant le tombeau du Martyr. Il y fut fait justice à l'église de Paris dont le châtelain de Chauny contestait les droits sur le village de Vicq. On voit par là quelle était l'importance et l'autorité du chapitre de Saint-Quentin à cette époque. Nombre de personnages illustres assistaient à ce jugement, venus pour célébrer la fête du martyr avec une magnificence sans égale.

Héribert IV ne cessait de prouver sa bienveillance envers les moines. En 1075, il leur confirma le droit d'exercer la justice dans tout leur domaine, et, l'année suivante, il envoya des chartes à l'abbaye de Saint-Prix pour la mettre à l'abri des vexations dont elle était l'objet.

Grâce à l'établissement des communes, tout semblait renaître en France ; les villages s'étaient multipliés, la population des villes s'accroissait de jour en jour, les sciences, les arts, le commerce se développaient comme par enchantement. On sentit le besoin de réformer la justice qui, fondée sur des usages particuliers à chaque pays, donnait lieu à trop de querelles et d'altercations.

On fit des lois et des ordonnances dont le comte Héribert dressa un recueil. Ces lois concernaient Saint-Quentin et la contrée ; elles formèrent le fonds du *Coûtumier de Vermandois*, que les autres provinces prirent aussitôt pour modèle et dont elles suivirent longtemps la jurisprudence (1080).

Héribert mourut en 1081, après avoir fait aux églises et aux pauvres nombre de donations. Son testament nous est conservé en une charte de l'abbaye de Vermand, citée par Colliette (1). Il donnait en particulier à l'Eglise de Saint-Quentin et à celle de Vermand : vingt vases d'argent, deux plats d'argent, quatre candelabres dont deux d'or et deux d'ivoire, des calices, des ciboires, des encensoirs, des croix, enfin tous les ornements d'autel qui lui appartenaient, ainsi que son armure ! Il laissait un fils et une fille, Eudes et Adèle, qu'il avait eus de son mariage avec Adèle de Crépy, fille de Raoul, comte de Crépy-en-Valois. On appela Eudes, son fils, du surnom de l'INSENSÉ et il fut exclut du gouvernement du Vermandois ; sa succession

(1) Il y avait à cette charte un sceau de forme ronde représentant au milieu un échiquier, entouré de quatre armoiries figurant des fleurs de lys, trois bandes et trois chevrons avec quelques lettres grécanisées.

retourna donc à la fille. Le décret en fut approuvé par les principaux seigneurs des pays et confirmé par le roi Philippe 1er (1081.)

CHAPITRE IX.

A la fin du XIe siècle, la ville de Saint-Quentin comprenait l'ancienne *Augusta Veromanduorum* et le *vicus Sancti Quintini* que Teutricus ou Thierry, en 885, avait fait renfermer dans une seule enceinte.

On entrait dans la ville par six portes : les portes d'Isle, Mayeure, de Pontoilles, du Vieux-Marché, la Belle-Porte et la porte de Remicourt.

La porte d'Isle conduisait au faubourg ou plutôt au district d'Isle ; elle devait se trouver dans la rue actuelle de la Raffinerie, en haut du fossé d'Angoulemontier, à la hauteur de la ruelle des Trois-Suisses. La porte Mayeure, ainsi nommée à cause de sa grandeur ou du nom de quelque premier magistrat de la ville était placée à l'extrémité de la rue St-Eloy, faisant face à la rue actuelle d'Ostende. Elle était défendue par une tour carrée qui portait son nom.

La porte de Pontoilles se trouvait dans le faubourg Saint-Martin actuel.

La porte du Vieux-Marché regardait à Péronne.

La Belle-Porte conduisait un donjon et quatre tourelles.

La porte de Remicourt, située à l'extrémité de la rue de Remicourt, menait au village de ce nom.

Il est probable qu'il y avait autant de faubourgs

que de portes. C'est ainsi que d'après Q. de la Fons, la rue Mayeure était le faubourg du côté de la porte Mayeure ; le faubourg Saint-Jean correspondait à la Belle-Porte, celui du Vieux-Marché s'étendait jusqu'à Notre-Dame (Chapelle d'Epargnemaille).

La ville était divisée en quartiers ou districts parmi lesquels se trouvaient : le district ou détroit d'Aouste, le Castel, le district d'Isle, des Cimetières, du Cloître, le Biez, Pontoilles, etc.

Les rues aboutissant aux portes, partaient, sauf celle de Remicourt empêchée par la basilique, de la place de l'Hôtel-de-Ville.

Il y avait, en outre, les places de Saint-Quentin, Saint-André, du Vieux-Marché, des Campions (1), etc.

Avant de passer en revue les divers monuments que possédait alors Saint-Quentin nous allons parler du palais des Comtes ou *Castellum*.

Qu'on se représente le carré tracé par la place de l'Hôtel-de-Ville, les rues de la Sellerie, du Collége, du Gouvernement et de Croix Belle-Porte ; une autre enceinte, un peu plus petite, figurera le contour du Castellum. C'était, au IVe siècle, un camp retranché.

Du Xe au XIIe siècle, les comtes du Vermandois entourèrent de murs cette enceinte et en firent leur château (2). Il était fermé de portes dont la

---

(1) C'est probablement sur cette place qu'avaient lieu les combats, singuliers ou *Jugements de Dieu* si usités au Moyen-Age.

(2) Le palais situé au lieu dit Broïlus ou le Breuil était une simple maison de plaisance.

principale rue Saint-André, vers le commencement.
L'ancien beffroi, dans la même rue, en indiquait
l'entrée car c'était une des deux tours qui la défen-
daient autrefois. Il y avait aussi la porte Fréreuse
ou des Frères, dont l'emplacement était marqué par
une inscription que renferme le Musée de la Société
académique (1).

L'enceinte du Castellum comprenait les Eglises
de Saint-Quentin, Saint-André, Saint-Remi et
Notre-Dame de Labon ; elle s'appelle dans les an-
ciennes chartes, *Castrum, Augustum, Claustrum,
Vicus Sancti Quintini, Castellum Monasterium,
Oppidum*, etc.

En plus des Eglises citées plus haut, il faut
encore mentionner celles de Saint-Eloy, Saint-Jean,
Saint-Pierre au Canal, d'Isle (en bois et entourée
de cellules de religieux.)

On voyait également dans le détroit d'Isle l'Eglise
construite par Arnold en 990 mais qui ne fut con-
sacrée qu'en 1046.

Parmi les établissements religieux signalons :

L'abbaye d'Isle qui pouvait contenir, sinon mille
religieux comme le dit Colliette, du moins quelques centaines. Les abbayes d'Homblières, dans la
paroisse Saint-André, du Mont Saint-Martin près
de l'Eglise Saint-Jean, de Saint-Prix rue St-Martin,

---

(1)   ICY ESTOIT LA PORTE
        FRÉREUSE DÉMOLIE
        PAR ORDRE DE MESIR
        LE CHAPITRE AU MOY
        DE JUILLET DE L'AN...

de Vermand rue du Temple (aujourd'hui du Gouvernement), de Saint-Quentin-en-l'Isle, de Sainte-Benoîte d'Origny, de Prémontré, de Notre-Dame de Ham, de Longpont et de Royaumont.

La ville possédait deux hôpitaux : L'hôpital du Cloître, fondé par Hildrade *(hospitale intra claustra)* situé dans l'étendue du cloître de la Collégiale, recevait douze pauvres.

L'Hôtel-Dieu ou grand Hôpital *(hospitalaria magna, hospitale magnum)* où l'on admettait des malades à proportion des revenus. Elevé rue de la Sellerie, il fut détruit lors du siége de 1557.

L'hôtel des Comtes, nommé *Domus regis*, fut réuni à la Couronne en 1214 et vendu en 1291 par Philippe-le-Bel aux mayeur et échevins ; il a servi longtemps de Halle aux poids et se trouvait près de la rue Delatour.

La Monnaie, ancienne maison des Templiers, servit ensuite aux Gouverneurs.

Deux ponts étaient jetés sur la Somme ; le Petit-Pont et le Grand-Pont construit par l'abbé Anselme, vers 970, pour remplacer le bac qui passait les habitants d'une rive à l'autre.

Rappelons encore des moulins et des fours, les fontaines de l'ermitage, des bouillons, ferrée, noire, aux murs, etc.

On cultivait plusieurs vignes, notamment une à l'extrémité de la rue de Sainte-Pécinne, d'autres aux Coûtures, chemin de Cepy, et sur le terroir actuel de la commune d'Omissy.

Il est incontestable qu'il y avait un canal, mais

nous ne savons ce qu'il était ni où il passait : « les uns, dit Q. de la Fons, estiment que ce canal était de maçonnerie pour recevoir les eaux qui descendaient de la rue de la Gréance (1) ou de la rue des Flamands (2). Il n'y a point encore longtemps que près de la porte d'Isle et à l'endroit où l'on dit qu'était autrefois l'Eglise de Saint-Pierre, il y avait un égoût où toutes les eaux de la grande rue de la Gréance allaient se rendre , mais on ignore si ce pouvait être quelque reste de cet ancien canal. D'autres pensent que ce canal était beaucoup plus considérable puisqu'il a donné son nom à une partie de la ville et à une église. »

Jusqu'au XIIe siècle , nous ne voyons aucune branche particulière d'industrie cultivée spécialement à Saint-Quentin. Quant aux écoles fondées par Alomer , nous n'avons sur elles , jusqu'au XVIe siècle, aucun renseignement précis.

La cour et la maison des comtes de Saint-Quentin étaient réglées sur le modèle de celles des rois. Le comte avait un *vicomte* pour le représenter , un *bailli* qui régissait ses domaines ayant sous ses ordres un *prévôt* ou receveur des impôts de la ville. La capitale avait un *gouverneur* militaire ; la province avait aussi ses *chatelains*. Les troupes étaient sous le commandement en chef du *sénéchal*. La police de la ville appartenait au *Mayeur* sous lequel étaient les *jurés* et les *échevins*.

(1) Ancien nom de la partie supérieure de la rue d'Isle.

(2) Rue Sainte-Anne.

Il y avait dans la maison du comte un *chancelier* apposant son sceau sur les actes expédiés par des secrétaires ; des officiers subalternes , gardes et soldats.

Le comte avait un *chambellan,* un *échanson,* un *maître d'hôtel ,* un *précepteur ,* un *intendant ,* des pages , etc. C'étaient les seigneurs de la province qui remplissaient les dignités.

Le comte jouissait des prébendes canoniales et disposait des places vacantes au Chapitre.

L'Eglise avait un *prévôt ,* sorte de procureur ou receveur qui remplaçait le doyen, faisait valoir les biens. Le chancelier du comte était aussi quelquefois celui du Chapitre. Il gardait la clef du grand sceau de l'Eglise , scellait les actes , dressait au Chœur le tableau des offices annuels et chantait la 8e leçon. Ces dignités , ces charges et ces offices existaient au temps d'Albert Ier.

CHAPITRE X.

Ce fut Hugues-le-Grand, troisième fils d'Henri Ier qui succéda à Héribert IV, dont il avait épousé la fille. Il prit le titre de comte-abbé et dans les chartes celui de frère du roi Philippe.

La première année de son gouvernement, le nouveau comte de Saint-Quentin prit part à la guerre contre Foulques d'Anjou à la défaite duquel il contribua puissamment (1081).

Dans sa part du butin, Hugues obtint les reliques de saint Florent et de sainte Pécinne ; il les donna aux Eglises de ces noms élevées à Roye et Saint-Quentin (vers 1086 ? Hémeré dit 1090).

L'enthousiasme des croisades avait réuni les seigneurs, les prélats du Vermandois et des provinces voisines qui s'enrolèrent pour la terre sainte. Hugues donna l'exemple, mais, trop aventureux, il fut fait prisonnier en Grèce, à Durrazzo (1096). Rendu à la liberté, il reçut, au siége d'Antioche, le commandement en chef des armées et défit les sarrazins. Quittant soudainement ses troupes, il revint à Saint-Quentin d'où il repartit l'année suivante (1098). Il mourut en 1102, à Tarse, en Cilisie, d'un coup de flèche au genou.

Il laissait sept enfants dont l'aîné devait lui succéder vingt ans plus tard. Sa veuve, Adèle, gouverna Saint-Quentin jusqu'en 1120 ; durant ce temps, le jeune Raoul, qui demeurait dans sa chatellenie de Péronne, prenait le titre de futur comte de Vermandois. Elle avait toutes les dignités et les pouvoirs, même envers le chapitre (1). Elle se retira pour faire place à son fils, et mourut vers 1124.

Le roi de France était alors en guerre contre l'empereur Henri. Raoul Ier leva des troupes à Saint-Quentin et courut devant Reims au secours du roi. Ces troupes firent preuve de zèle et de courage, elles contribuèrent pour une forte part au succès de la journée (2). Grâce à elles, Raoul, dans les divers combats qu'il eut à livrer plus tard, remporta victoires sur victoires.

Adèle avait conservé pour sa fille, Marguerite de Clermont, le comté d'Amiens. Quand celle-ci mourut, sa succession fut vivement disputée : Thomas de Marle voulut s'en emparer, mais Raoul se ligua contre lui avec son frère Henri de Chaumont. Ce dernier ayant été assassiné par Thomas, Raoul le vengea en tuant le meurtrier d'un coup de lance, puis il obtint du roi le comté d'Amiens. « Il porta le Vermandois à son plus haut degré de gloire et de splendeur. Souverain de Saint-Quentin, Péronne, Athies, Bray, Cappy, Breteuil, Ham,

---

(1) En 1108, elle nomma Coûtre un cousin de son mari, Barthélemi qui devint plus tard évêque de Laon.

(2) Elles étaient, dit Suger, solidement armées et occupaient l'aile droite.

Noyon, Montdidier, Roye, Beauvais, Chauny et Nesle ; d'une partie du Ponthieu ; des comtés d'Amiens et de Valois ; d'une partie du Vexin ; seigneur de Choisi, Wissant, Latène, Thorotte, Wailly, Roquène, Marquais, Lesche, Villers, Carnoy, Hangest, Pierrepont, Beaurevoir, Gouy, Honnecourt, Marolles, Bohain, Guise, Rethel ; chatelain de Vervins, Marle, Neuilly, Clermont-en-Beauvaisis, Crépy, La Ferté-Milon, Villers-Cotterêts, Poix, Bully, Noyon, Raoul tenait véritablement état royal et pouvait, au besoin, dresser le Vermandois comme une royauté en face de la royauté.

Les souverains de France préférèrent son alliance à son inimitié, et trouvèrent toujours en lui un puissant et fidèle auxiliaire.

Laissant à Reinier de Ribemont la garde de Saint-Quentin, Raoul marche en 1124 contre le roi d'Angleterre et le repousse : en reconnaissance de ses services, il est fait sénéchal de France (1). »

Adélaïde de Guyenne, sœur cadette de la reine, inspira à Raoul une passion telle qu'il répudia sa femme pour contracter cette nouvelle union (2). Excommunié et voyant ses terres en interdit, il promit de reprendre Eléonore de Champagne, sa première épouse, ne tint pas sa parole et s'attira une nouvelle bulle d'excommunication. Le roi, qui prenait fait et cause pour lui, vint ravager la

(1) E. Berlemont. Histoire de l'émancipation communale à Saint-Quentin. Société Académique, 3e série, tome x, pages 569 et 570.

(2) 1140. — C'est vers la même époque qu'il confirma la Commune, mais moyennant finances.

Champagne et prit d'assaut Vitry dont il passa les habitants au fil de l'épée. Des pourparlers eurent lieu à la suite desquels Raoul put garder auprès de lui Adélaïde de Guyenne. Il chercha néanmoins à réparer ses fautes par des largesses envers les Eglises, les couvents et les hôpitaux.

Quelques années plus tard, quand Louis-le-Jeune se croisa (1147) Raoul fut choisi pour gouverner le royaume et, de concert avec Suger, réprima victorieusement les tentatives du comte Robert de Dreux contre la régence, Il mourut à Crépy, âgé d'environ 72 ans, le 14 octobre 1152. Ce fut un des comtes les plus illustres dont notre ville ait gardé la mémoire : Colliette en a fait le panégyrique.

CHAPITRE XI.

RAOUL II ET PHILIPPE D'ALSACE.

Le second des enfants de Raoul et d'Adélaïde, Raoul II, n'avait qu'un an à la mort de son père. Il fut reconnu immédiatement pour le dix-neuvième comte-abbé de Saint-Quentin. On lui donna pour tuteur le comte de Meulan, auquel succéda bientôt Yves de Nesle.

Depuis cette époque jusqu'à la mort de Raoul II (1167) l'histoire nous fournit peu de renseignements. En 1166, les biens de l'Eglise de St-Quentin avaient été divisés en deux parties, les chanoines avaient abandonné la communauté de vie et de demeure qu'ils avaient si religieusement observée jusque-là. Divisés en quatre classes : prêtres, diacres, sous-diacres et acolytes, ils avaient quitté le cloître et s'étaient dispersés dans des maisons qu'ils nommaient canoniales.

Raoul affligé, dit-on, de la lèpre (d'où son surnom de Raoul-le-Lépreux) mourut à Crépy le 17 juin 1167, âgé de 17 ans à peine, laissant sa succession à Philippe d'Alsace. Celui-ci, que Louis VII avait choisi pour être le parrain de son fils et son tuteur futur, était l'ami de Saint Bernard et de Saint Thomas de Cantorbéry. Ce fut peut-être sous l'influence du premier qu'il ne joignit pas le titre d'abbé à son titre de comte.

En 1176, il apaisa, en faisant droit au Chapitre,
le différend qui s'était élevé entre les chanoines de
Saint-Quentin, le doyen Werricus et Reinier de
Fonsomme, au sujet de quelques bois et du droit
de justice dans le village de Gouy. Il partit pour
les croisades l'année suivante et en revint, en 1179,
après s'y être illustré par sa valeur. Lors du
couronnement de son filleul, il eut l'honneur de
porter l'épée dont on devait ceindre le roi ; en
reconnaissance des réels services qu'il avait rendus, il obtint en toute propriété les comtés du
Vermandois et de Valois.

On sait que le comte avait été choisi comme
tuteur de Philippe Auguste. Le crédit puissant
dont il jouissait à la cour et surtout son influence
sur le jeune roi excitèrent la jalousie de la reine-
mère qui résolut de détruire son pouvoir. Plein
d'ambition, il voulut se venger et garder le roi sous
sa tutelle. Il proposa à Philippe Auguste d'épouser
Isabelle de Hainaut, fille de sa sœur Marguerite
d'Alsace ; le prince accepta et le mariage se fit à
Bapaume en 1180. Philippe devenait ainsi l'oncle
du roi de France ; il n'était pas encore satisfait et
força le comte de Flandres, que Louis VII avait
aussi chargé de veiller sur son fils, de se retirer
dans ses terres.

Mais Alix de Champagne avait manœuvré de son
côté ; l'attachement du monarque pour son oncle
s'éteignit insensiblement, il secoua le fardeau de la
régence : la disgrâce devint complète. Philippe revint dans le Vermandois (1182). Il fit élever, dans

sa capitale, à la mémoire de saint Thomas une
Eglise qui devint paroisse trente-deux ans après sa
construction.

Elisabeth de Vermandois mourut et fut enterrée
à Arras en 1182, ne laissant pas d'enfant. Eléonor
ou plutôt Aliénor, sa sœur cadette, était, par le
droit du sang, l'héritière de toute la succession de
Raoul Ier et de Raoul II ; elle la demanda à Philippe qui lui en refusa une partie (1). Sur ce refus,
le roi ordonna la restitution complète, proposant
toutefois son arbitrage. Le comte résistant, le roi,
en dépit des efforts de la reine, réunit une armée
et se prépara à entrer en campagne. Philippe ouvrit les hostilités, avec l'aide de Hugues III de
Bourgogne, à la tête d'une armée formidable (2). Il
vint à Senlis, prit Louvres et Dammartin, pilla
l'île de France et assiégea Corbie ; mais devant la
disette qui le menaçait il dut se retirer en Flandres.
Poursuivi, il fut sur le point d'engager la bataille,
quand les deux partis convinrent d'une suspension
d'armes. La trêve fut signée pour un an, au bout
duquel Philippe d'Alsace vint à Rouen saluer le
roi et mit genou en terre devant lui. L'affaire fut
arrangée à Amiens (1184) en un traité par lequel
le Vermandois et l'Artois devaient appartenir à
Aliénor pour retourner ensuite au roi si elle mou-
rait sans postérité. Comme dédommagement, le
comte obtint l'usufruit des villes de Saint-Quentin

(1) En 1194, elle prit le titre de comtesse de Saint-Quentin
(2) Son étendard représentait un dragon furieux vomissant des
flammes.

et Péronne, les deux places les plus importantes
du Vermandois. Ce traité, qui ne satisfaisait ni
l'oncle ni le neveu, faillit être rompu , mais le
comte dut renoncer à ses projets de vengeance. Il
partit pour la Palestine (1185) et trois ans après, à
son retour, épousa en Espagne Mathilde, fille de
Alphonse Ier. Il revint à Saint-Quentin avec sa
femme, et tous deux se firent remarquer par leur
bienfaisance, notamment envers l'Eglise de la ville
et l'abbaye d'Isle qui obtint le moulin du Grosnard.

Philippe rentra en grâce près du roi qu'il ac-
compagna de nouveau en terre sainte où il mourut, en 1191, devant la ville d'Acre. Son corps,
ramené en France, fut inhumé à Clairvaux.

CHAPITRE XII.

ALIÉNOR DE VERMANDOIS. — SAINT-QUENTIN RÉUNI A LA
COURONNE.

Depuis la cession au roi de ses comtés de Vermandois et Valois, Aliénor ne portait plus que le titre de comtesse de Saint-Quentin. Outre ce titre honorifique, elle s'était réservé la juridiction de la ville pour le reste de sa vie.

Ce fut en cette qualité de comtesse qu'elle donna une nouvelle charte de commune de St-Quentin, s'engageant sous la foi du serment à la défendre de toute son autorité; de plus elle la fit confirmer par Philippe Auguste (1195). Par cette commune, les habitants avaient des magistrats qui recevaient des comtes les droits de justice, le pouvoir de faire des ordonnances concernant l'administration civile et tous les intérêts des bourgeois. Ces magistrats étaient :

1° Le *mayeur*, assisté de onze *jurés* ;

2° Douze *échevins*.

Les échevins exerçaient la justice criminelle; on les appela dans la suite : *juges criminels de police et de voirie.*

Les mayeur et jurés tenaient leurs audiences en la *maison de la paix* (1). Ils s'occupaient des

(1) On appelait l'endroit où se tenaient ses audiences, l'*Estamine*, sous la galerie de la maison de la paix. Elles y durèrent jusqu'au milieu du XIVᵉ siècle. Aujourd'hui encore une grille est placée sous la colonnade de l'Hôtel-de-Ville construit au XVIᵉ siècle. C'est en cet endroit qu'avaient lieu les proclamations et autres cérémonies publiques.

droits, franchises, priviléges des habitants, de l'entretien de la ville et de sa garde. En un mot, ils rendaient la justice civile.

Le siége de l'échevinage se tenait en la *maison de la monnaie ;* les échevins connaissaient des vêtures, saisines et amortissements, contrôlaient les les poids et mesures, fixaient le taux des vivres et denrées. Quelques points de la justice criminelle contre les bourgeois étaient de leur ressort. (1)

A leur tête, les échevins avaient un *châtelain,* appelé quelquefois *vicomte.* Ce châtelain avait le pouvoir, en matière judiciaire, d'interpeller l'autorité royale pour amener les parties au jugement.

Au-dessus, et en première ligne, venait le *prévot* ou *garde de la prévoté,* qui présidait à l'échevinage. Sa juridiction principale était pour les *forains* ou les habitants du ressort par appel. C'était lui qui veillait sur les domaines et les revenus du comte, avant 1214.

Les échevins ne pouvaient être jurés, et réciproquement. La nomination des chefs de la commune était alors au choix de ceux qui sortaient de de charge.

La commune exerçait la haute et la basse justice. Parmi les peines infligées, citons le *bannissement,* la démolition ou l'incendie de la maison du coupable (*adjour* ou *arsin*), et les autres peines

(1) En 1213, Philippe Auguste diminua les pouvoirs des magistrats municipaux de Saint-Quentin en établissant dans son royaume, et surtout dans les territoires qu'il réunissait à son domaine, des juges tenant de lui leur commission et leur autorité.

infâmantes : roue , pilori , échelle , fer rouge ,
etc. (1).

L'histoire n'est pas seulement une muse sévère,
le sourire parfois erre sur sa bouche et plus d'une
anecdote trouve place dans ses tablettes ; qu'on
nous permette donc de raconter ici, relativement
aux échevins, un usage fort curieux et qui sub-
sista longtemps.

Chaque année, les échevins recevaient du châtelain de la vicomté le roi un repas dont voici
l'ordonnance d'après P. Colliette. Ils s'assemblaient
dans une vaste salle tendue de tapisseries, autour
d'une table couverte de même étoffe et de trois
nappes. Leurs bancs étaient garnis de *paillots*. Ils
étaient servis par deux clercs de la ville, le procureur et le greffier aux causes, portant serviette
blanche sur l'épaule et un chapeau ou une couronne de fleurs sur la tête. On servait un potage,
du pain et du vin. Venaient ensuite poulets bouil-
lis aux pois, pâtés de poulet, puis un oison pour
deux échevins; après quoi le poisson, carpe ou
brochet, était servi sur des tranches de pain, avec
du jus d'oseille (ces poissons devaient être mon-
trés vivants, la veille, à deux échevins.) On appor-
tait ensuite le bœuf salé, moutarde, — toujours un
plat pour deux échevins. — Après le rôti on enlevait la première nappe et l'on servait une *tarterelle*
à chaque échevin. On y ajoutait des crêmes, des

(1) Voir l'étude de M. Ch. Gomart sur les *bannis* à Saint-Quentin; un
chemin leur était spécialement affecté, il porte encore leur nom, c'est
celui de Lehaucourt.

fromages, des noix, des gâteaux secs. On ôtait alors la deuxième nappe, et chaque échevin recevait un grand verre d'hypocras accompagné de *métiers* ou d'*oublis* qu'ils pouvaient emporter. Après quelques libations, le plus âgé disait les grâces, que chacun répétait à tour de rôle, selon son rang. On se couvrait de bouquets et de couronne, et l'on enlevait la dernière nappe de la table.

Ce repas avait toujours lieu en été, généralement le mardi le plus proche de la sainte Barnabé. Le châtelain pouvait y inviter les officiers du roi, le mayeur et son lieutenant, mais on les servait après les échevins sur une table à part. Ils se retiraient après les grâces. C'était à ce moment que les échevins faisaient la lecture du parchemin sur lequel était réglé le festin. Si le châtelain ne s'était pas acquitté en tous points de son obligation, il devait donner un autre repas et distribuer à chaque échevin quelques deniers tournois pour la *peine d'avoir assisté à un festin tronqué et celle de revenir de nouveau.*

Certain châtelain ayant voulu en 1290 se soustraire à ces engagements, les échevins portèrent plainte à Philippe-le-Bel qui les rétablit dans leur droit et leurs usages par lettre particulière adressée au prévot de Saint-Quentin.

Au commencement du XIIᵉ siècle, notre Eglise avait soixante-douze chanoines, prêtres, diacres et sous-diacres dont chacun portait une tonsure de

largeur plus ou moins considérable , marque dis-
tinctive de son ordre. Les chanoines avaient à leurs
ordres plusieurs domestiques et un chapelain : leur
coiffure était l'aumusse et leurs habits rouges ou verts
étaient d'étoffes brillantes, doublées de fourrures.

Parmi les principaux dignitaires citons : le doyen,
le coûtre, le chancelier, l'écolâtre, le sénéchal, etc.

Vers 1211 , de nombreux différends s'élèvent
entre le Chapitre et la Comtesse : le roi Philippe
Auguste fut assez heureux pour les concilier.

Les chanoines se sentaient forts et en profitaient
souvent pour soulever des querelles. C'est ainsi
qu'une dispute, qui eut un certain retentissement,
s'éleva en 1213 entre deux chanoines et quelques
bourgeois : elle devint bientôt publique, le Corps de
Ville prit le parti des bourgeois , le Chapitre celui
des chanoines, il y eut même du sang versé. La
comtesse intervint , et nomma des commissaires
pour juger l'affaire et punir les coupables. Le
Mayeur , Robert Nez-de-Cat, fut déclaré déchu de
ses fonctions et incapable d'occuper à l'avenir
aucun emploi public dans la ville. Il dut aller à
Rome, avec deux bourgeois, implorer le pardon du
Pape (1). Dans leurs élections futures , le mayeur
et les jurés prêtèrent serment de n'user jamais de
violence contre le Clergé (2) ; quant à ceux qui

(1) Voir notre brochure : Fragments d'histoire locale , Mayeurs et
Echevins.

(2) Voici la formule de ce serment : « Nous, mayeur et échevins de
la ville de Saint-Quentin, jurons sur les Saints Evangiles posés sur
cet autel, de défendre, protéger et conserver les personnes et biens
des doyens, chanoines et membres de cette Eglise. »

6

avaient pris part à la sédition, ils durent partir le jour de l'Assomption, de Rocourt, nus, en chemise, pour venir faire amende honorable. Deux bourgeois, Robert d'Aisonville et Oudart, furent exilés pour un an et une amende de 700 livres parisis fut prononcée au profit du Chapitre. Ce jugement, rendu à Paris, en l'Eglise Sainte-Geneviève-du-Mont, reçut exécution.

L'an 1213, Philippe Auguste vint, avec sa femme Ingeburge, visiter le Vermandois. Un an après, on amena dans la ville plusieurs vaincus de Bouvines, notamment le comte de Salisbury, Guillaume Longue-Epée, frère naturel du roi d'Angleterre.

Aliénor mourut, non pas en 1214 (1) comme on l'a dit souvent, mais vers 1222 (2). « Elle a laissé dans l'histoire la réputation d'une princesse très pieuse, et c'est ce que confirme la nature des pièces que nous avons d'elle ; presque toutes ont pour objet des donations à des églises ou à des hôpitaux... Carlier, dans son histoire du duché de Valois, et Colliette, dans son histoire de Vermandois, ont beaucoup parlé d'elle et en font un grand éloge. Pour nous, qui ne marchons dans cette étude qu'avec des chartes, nous n'avons rien à nier, ni à affirmer sur elle. Tout ce qu'on a pu voir, c'est qu'elle fit de nombreuses donations aux églises, et

(1) L'année 1214 fut celle de l'institution des *baillis* qui avaient la garde de la justice. Le grand bailli de Vermandois était le premier de France.

(2) Voir à ce sujet la remarquable dissertation de M. Douet d'Arcq : *Recherches historiques et critiques sur les anciens comtes de Beaumont-sur-Oise.*

aussi qu'elle semble s'être montrée favorable aux libertés des bourgeois de Saint-Quentin. Il paraît qu'elle aimait les lettres, témoin le roman de Sainte Geneviève qui fut composé à sa prière. » (1)

Elle avait fait frapper monnaie à St-Quentin (2) Ces pièces sur lesquelles sont gravées une croix et deux petites étoiles portent sur la face s. QVINTINVS et sur le revers au milieu $\frac{ALI}{ENO}$ et autour COVIRONENDI.

Son sceau, de forme ovale, ayant 0 m. 08 sur 0 m. 05, la représente debout, un faucon au poing : il porte cette légende :

† SIGILLUM ELIENOR COMITISSE SCI QUINTINI ET VALESIE.

Le contre-sceau, plus petit et triangulaire, porte : *d'or au lion de gueules, armé et lampassé,* avec pour légende : † SECRETVM ELIENOR.

Aliénor fut inhumée à l'entrée de l'Eglise du Parc-aux-Dames. Avec elle finissait l'illustre et antique maison de Vermandois.

La lutte entre les deux puissances, civile et cléricale, était continuelle à Saint-Quentin. En 1219, le mayeur, s'appuyant sur les droits que lui conférait la charte de 1195 avait banni de la ville un chanoine pour refus d'obéissance. Il en résulta un conflit auquel mit fin Philippe-Auguste en réglant par une charte les droits de ses officiers dans l'exercice de justice (1220). A la mort du roi, son fils Louis VIII lui succéda ; il fut nommé

(1) DOUET D'ARCQ. *Op. cit.*

(2) Pour les monnaies frappées à Saint-Quentin, voir la notice de M. Ch. Gomart.

comte de Vermandois, patron et premier chanoine honoraire de l'Eglise de Saint-Quentin. (1)

Les chanoines profitant de la tolérance des princes excommunièrent, en 1226, les mayeur et jurés qui avaient banni de la ville un *carégier* de l'Eglise pour une cause légère : l'intervention royale fut encore nécessaire.

Deux ans plus tard surgit un nouveau différend apaisé par Gauthier, évêque de Senlis.

En 1229, se fit la translation des reliques de saint Quentin, saint Victorice et saint Cassien, enfermées dans des châsses recouvertes d'or, d'argent et de pierres précieuses, dons de saint Louis. Si l'on considère l'enthousiasme religieux de l'époque, on se fera une idée de la magnificence et de la solennité de cette cérémonie. C'est à dater de ce jour que commencèrent les *calendes* du mois de mai, fête instituée par la jeunesse de la ville à la mémoire du patron.

Les évêques de la métropole de Reims avaient depuis longtemps formé le projet de célébrer chaque année un synode à Saint-Quentin, dans le but de réprimer les abus des nobles envers les Eglises. Un incident arrivé à Beauvais, en 1230, fit mettre ce projet à exécution. Le peuple de cette ville s'était révolté contre son mayeur, parce qu'il était étranger, et contre les changeurs parce qu'ils altéraient les monnaies ou en modifiaient le taux. Il y

---

(1) Une stalle était affectée aux rois dans le chœur de la basilique ; lorsqu'ils y faisaient leur entrée, le doyen leur présentait une aumusse qui restait sur leur prie-dieu durant la messe.

avait eu du sang versé et le mayeur lui-même avait été traîné dans les rues par la populace. Le roi, au lieu d'envoyer des commissaires ou « enquesteurs royaux » pour examiner l'affaire, vint en personne punir les coupables. Ce rôle de saint Louis déplut aux évêques de la métropole de Reims. L'archevêque Henri de Dreux convoqua donc à Saint-Quentin un concile qui fut tenu l'année suivante (1231) sans produire d'effet sur le roi puisque l'on réunit à Reims et à Laon d'autres assemblées pour le décider à dédommager de leurs pertes l'évêque et les habitants de Beauvais. Louis IX resta inébranlable.

Un deuxième concile fut tenu à Saint-Quentin en 1233 ; même résultat. Devant la ténacité du roi, Henri de Dreux convoqua une troisième réunion dans la même ville : on y prononça l'interdit avec menace de faire intervenir la cour de Rome ; mais les chapitres des Eglises froissés de n'avoir pas été consultés combattirent la résolution ; un quatrième concile tenu vers Noël n'aboutit pas.

En 1235, les évêques de la métropole de Reims tinrent trois conciles à Saint-Quentin, toujours pour le même motif : la revendication de leurs droits contre les officiers royaux. Le roi n'ayant pas pris les premiers en considération, on décida dans le troisième qu'il était indispensable de jeter l'interdit dans la province ecclésiastique de Reims. Le roi, surpris, assembla ses barons et se vengea l'année suivante, à sa majorité.

Saint Louis vint à Saint-Quentin au mois de mars 1547. Peut-être, dit Colliette, n'y vint-il que pour rétablir la paix qu'y avaient troublée des bourgeois excommuniés par le chapitre. Il déclara, par un acte authentique, que les droits de ce clergé resteraient toujours inviolables.

Pendant dix ans aucun évènement remarquable n'eut lieu en notre cité. Le 2 septembre 1257 une grande affluence de peuples était accourue de toute part à Saint-Quentin. Ce jour là, le pieux roi Louis, ses deux fils, les principaux seigneurs de sa cour, l'archevêque de Reims, plusieurs évêques, parmi lesquels ceux de Laon, Noyon, Amiens, Tournai, etc., assistèrent à la translation des corps des trois glorieux patrons de cette ville, de la vieille Eglise où ils étaient depuis 1229, dans le chœur de la nouvelle, bâti sans doute par Villard d'Honnecourt. (1)

Quatorze ans s'écoulent ensuite qui ne sont pas signalés par des événements importants. En 1271, d'après l'historien de Nangis, Philippe III, aussitôt son sacre, vint dans cette ville honorer le tombeau du Martyr et lui apporter son offrande. Un concile — le dixième — fut tenu cette année. Les frais immenses exigés par la reconstruction de la nouvelle église avaient épuisé les ressources du Chapitre. Pour payer ses dettes il supprima les pasts (1288) qui devenaient de plus en plus coûteux.

En 1292 , le roi vendit aux mayeur et jurés son

(1) Voir l'excellent travail de M. P. Bénard sur Villard d'Honnecourt.

hôtel royal (maison de paix ou Hôtel-de-Ville),
situé sur la grande place.

Michel du Bec, issu d'une des plus illustres familles de Normandie avait été, en 1294, élu
doyen de Saint-Quentin. Il fit, un an après, son
entrée solennelle en la ville et sut défendre certaines prérogatives attachées à cette entrée. Le
sénéchal de Vermandois, Gobert, seigneur de Fonsomme, ayant manqué aux devoirs de ce cérémo-
nial, fut cité par le nouveau doyen devant le bailli
de Vermandois qui condamna le sénéchal au paiement d'une amende. Voici d'ailleurs au sujet des
devoirs du sénéchal un extrait de l'arrêt prononcé
contre Gobert de Fonsomme.

« Li dis Senescaus est tenus et doibt prendre et
mener par le frainct ledit Doien quand il fait sa
première entrée, après sa confirmation, à la première porte de la ville de Saint-Quentin par où le
Doien doibt passer, et le doit mener seurement,
sans forche et sans violence, et garantir envers
tous autres par lui et par ses amis paisiblement et
bien, selon son povoir, jusques au touquet des maisons devant les Maisiaus, par devers le marché de
la ville de Saint-Quentin : auquel lieu li dis Senescaus doit descendre tout premièrement, et doit
tenir l'estriet audict Doien, quand il veut descendre
de son cheval, si comme il disoit. En après li dis
Senescaus doit prendre et avoir sien quite le cheval
du dit Doien, tout enselé, tel comme il est, et son
chapel tant seulement. »

L'amende consista, pour Gobert de Fonsomme,

en ornements de soie portant ses armoiries, offerts
à l'Eglise.

Philippe, au retour de son expédition de Flandres, passa par notre cité (1297) avec Jeanne de
Champagne, sa femme, et sa cour. Il y séjourna
quelque temps pour visiter les châteaux des environs et leurs fortifications.

CHAPITRE XIII.

SAINT-QUENTIN AUX XIIe ET XIIIe SIÈCLES.

Établissements religieux.

Jamais la foi religieuse n'avait été plus ardente qu'au sortir des terreurs de l'an mil. Suivant la poétique expression du chroniqueur Raoul Glaber, « on eut dit que le monde entier avait secoué les haillons du vieil âge pour revêtir la robe blanche des églises. » Nous avons vu ce qui avait produit à Saint-Quentin la piété populaire. Ce saint enthousiasme fut loin de se ralentir au XIIe et au XIIIe siècle.

En 1115, on commença les travaux de reconstruction de la Collégiale par le chœur actuel. Le coûtre Mathieu, qui en posa la première pierre, dota l'église de quelques biens et d'une bourse de cent livres d'argent, somme énorme pour l'époque. Le nouveau chœur s'éleva sur l'emplacement de l'église de Fulrade, il fut entouré d'une couronne de chapelles et inauguré par Saint Louis en 1257.

Vers 1170, l'Eglise Saint-Pierre était située au bas de la rue de la Gréance. On voyait aussi à la même époque l'Eglise Saint-Jacques, bâtie sur la Grand'Place, à l'endroit où, au siècle dernier, se trouvait encore la croix de fer de la Collégiale. On en devait l'établissement au bourgeois Gérard.

Placée à l'opposite du *castel*, elle fut reconstruite en 1280 par Quentin Barré.

Il y avait encore, près de l'Eglise Ste-Catherine, la chapelle ronde, dont il ne reste plus trace.

En 1182 Philippe élève l'Eglise Saint-Thomas en l'honneur de ce Saint. Deux ans après, elle était érigée en paroisse ainsi que, en 1164, Saint-Eloi ; en 1191, Notre-Dame de la Gréance ; en 1214, Saint-André et Saint-Jean ; vers le même temps, Saint-Martin ; en 1252, l'archevêque de Reims fait bâtir l'Eglise Saint-Nicaise, succursale de Oëstres, pour les habitants du faubourg Pontoilles, trop éloignés de leur paroisse.

Au commencement du XIIIe siècle, le légat du Saint-Siége, Robert de Courtonne, qui avait pour mission de prêcher la croisade et de réformer les abus ecclésiastiques, vint à Saint-Quentin au moment où le roi s'y trouvait. Robert remarqua que l'Eglise était trop petite pour contenir tous les fidèles et divisa la ville en neuf paroisses, savoir : la Collégiale, Sainte-Pécinne, la Toussaint, Saint-Thomas, Sainte-Catherine, Saint-Martin, Saint Jean-Baptiste, Saint-André et Saint-Jacques. Les habitants des faubourgs continuèrent d'avoir les deux paroisses Saint-Eloi et d'Oëstres. Enfin, avant 1295 on en comptait cinq nouvelles : Notre-Dame de la Gréance, Saint-Remi, Saint-Pierre, Saint-Eloi et Saint-Nicaise.

En 1137, le coûtre de Saint-Quentin, Simon, évêque de Noyon et frère de Raoul Ier, autorisa les

religieuses de Saint-Benoît à établir une colonie
près des murs de Saint-Quentin. Il les dota même
de quelques biens. Le nombre des religieuses s'ac-
crut, elles bâtirent une chapelle qui s'appela d'*E-*
pargnemaille et dont il reste encore quelques
ruines.

En 1140, elles purent établir une nouvelle
communauté. Ces religieuses payaient au Chapitre
dix sols de cens et trois livres de cens. Un siècle
plus tard, elles voulurent se soustraire à la juridiction du Chapitre. Elles durent se soumettre
cependant, mais on leur accorda de ne plus payer
le cens (1228). Cette obligation fut rétablie pour
elles en 1394. Chaque année, aux Rogations, les
chanoines de Saint-Quentin allaient procession-
nellement à leur Chapelle.

La fondation d'une maison de l'ordre des Frères
Saint-Jean de Jérusalem date de 1150. Ils possédaient à Saint-Quentin une maison avec justice,
dont les dépendances, jardins, terres labourables,
étaient franches de tous droits et coutumes.

L'abbaye de Prémontré avait obtenu, vers 1176,
un grand emplacement pour y bâtir un refuge ou
une maison abbatiale. Cet emplacement était situé
au milieu de la ville. Dans leurs murs se trouvait
une petite chapelle du nom de Saint-Nicolas, don
du seigneur de Guise aux Nobertins. D'après Q. de
la Fons, cette maison était la demeure de quelques
religieux sous la direction d'un Maître de Prémontré.

Vers 1191, les Hospitaliers du Temple étaient

établis rue de la Monnaie, près de la Maison du Roy. On sait que ces religieux étaient vêtus de blanc et portaient une croix rouge sur le côté gauche de la poitrine. Les Templiers avaient aussi, nous dit de la Fons, une maison particulière rue Saint-Martin.

Vers l'an 1200, les abbés du Mont Saint-Martin achetèrent au Chapitre de Saint-Quentin un refuge et un hospice qu'il avait reçu du chapelain Baudoin de Joncourt. Situés rue Croix-Belle-Porte, ces établissements furent convertis plus tard en une auberge à l'enseigne de l'abbaye.

Jean du Barastre, doyen de Saint-Quentin, fonda dans cette ville, en 1220, le Couvent des Jacobins, qui, grâce à des libéralités venues de toutes parts, devint bientôt immense. P. Colliette dit qu'à la fin du XIIIe siècle le nombre des religieux y était tel que leur maison était appelée le *Couvent des Cent Pères.*

Au XVe siècle, un Inquisiteur général y reçut l'hospitalité et sans doute la sépulture (1). C'est là que se tinrent les conciles. Une pieuse légende raconte comment Baudoin, ancien recteur de l'Université de Paris, fut amené à faire des dons à cet établissement.

Beaudoin, quittant Saint-Quentin, se rendait à Dijon en compagnie d'un seul domestique. La nuit venue, ils s'égarèrent dans la forêt de Retz qu'ils traversaient, le domestique monta sur un arbre et

---

(1) Voir le *Vermandois*, 1re année, et l'*Art chrétien*, août 1874.

vit une lumière. Elle venait d'un monastère voisin, où ils allèrent frapper. Le portier leur ayant ouvert, les fit entrer dans une immense salle, silencieuse et solitaire, où une table somptueuse était servie. Tout à coup des moines blancs s'avancent vers eux plus hideux les uns que les autres, l'abbé surtout. Celui-ci voyant la frayeur de Baudoin et afin de le rassurer, le conduisit à un bassin pour s'y laver les mains et le fit asseoir à table à côté de lui. Toute la communauté avait pris place autour du festin. Les mets n'avaient point été consacrés par la bénédiction, le vin non plus. On en présenta dans une large coupe à Baudoin qui, par scrupule, le bénit d'un signe de croix. Aussitôt tout disparut, table, moines et monastère. Baudoin et son domestique se retrouvèrent tous deux au milieu d'une terre inculte, hérissée de broussailles.

Une seule chose restait à Baudoin de ce repas fantastique : la coupe qu'il avait bénie. Elle était d'or, enrichie de pierres précieuses. Il la vendit, et la somme qu'il en retira fut attribuée au Couvent de Saint-Quentin.

Dans le même temps (1220) furent établis les frères Mineurs ou Cordeliers. Leur maison, bâtie aux frais des particuliers, fut achevée seulement en 1270. Les Cordelières vinrent peu après.

Maisons canoniales

Au XIIe siècle, après la division de leurs biens, les chanoines de Saint-Quentin quittèrent le cloître pour s'établir auprès de la Collégiale, et leurs maisons s'appelèrent canoniales (1). Pour perpétuer le souvenir de leur vie en commun, ils instituèrent les past ou repas solennels qui se faisaient chaque année lors des grandes fêtes. Tous les chanoines y assistaient, observant le silence et écoutant des lectures pieuses. Le menu fut réglé vers l'an 1200 ainsi que le poids du pain et la quantité du vin. Le réfectoire était situé petite place Saint-Quentin.

Béguinage de Fonsomme.

Le premier béguinage fondé à Saint-Quentin, celui de Fonsomme, qui doit son nom au seigneur de cette localité, Gérard, Sénéchal de Vermandois, fut bâti au commencement du XIIIe siècle (2). Il était situé rue des *Tripes* et attenait à la chapelle bâtie depuis aux pélerins de Saint-Jacques.

Les béguinages étaient, alors comme aujourd'hui, des établissements de bienfaisance destinés à servir de refuge aux femmes veuves ou aux vieilles filles. Peut-être même y soignait-on des malades. (En effet, celui dont nous parlons ici prend, dans les anciens actes, le nom d'*Infirmerie*.) La juridiction en appartenait au Corps de Ville et au clergé. Les femmes, nourries par l'Hôtel-Dieu, avaient une supérieure à leur tête; c'est sans doute pour cela que ce béguinage est indiqué dans le ca-

(1) Il y en avait 28.
(2) Q. De la Fons dit vers 1200, Colliette dit vers 1235.

talogue des hospices dressé par Rouillard sous le titre de : Maison Dieu Gérard.

Hôpitaux.

L'*Hôpital Saint-Antoine*, établi rue Saint-Martin, était, d'après Colliette, destiné à loger les pauvres de passage à Saint-Quentin.

Le même historien rapporte à l'année 1125 la fondation de l'*Hospitalaria de Castello* destiné sans doute aux officiers et commensaux du comte.

L'*Hôpital des Enflés* (1161) donnait asile aux pélerins venant invoquer la protection de Saint-Quentin.

Un autre *hôpital* était dit de *Marteville*.

Au midi de la ville, à un quart de lieu des murs et sur une petite colline s'élevait en 1163 l'hôpital Saint-Lazare ou Saint-Ladre affecté aux lépreux. On ignore le nom de son fondateur : Q. de la Fons croit que ce fut une nommée Ade qui y fut ensevelie. Les lépreux dépendaient de la paroisse Saint-Eloi. Cette maladrerie avait un curé, des chapelains et des congréganistes. Les *frères lépreux* et les sœurs n'étaient soumis à aucun vœu et se pouvaient marier. En 1547, le 7 août, un arrêt commanda que « la Ladrerie de Saint-Quentin servit désormais à nourir cinq malades de lèpres, natifs de la ville et fauxbourgs, si tant s'en trouvait, sinon de lieux les plus prochains. »—Des mains des chanoines, la maison était passée dans celle du mayeur au XIVᵉ siècle. En 1606, le Corps de Ville fut dépouillé de son droit sur cet hôpital. Sur ses plaintes réitérées, un arrêt du grand Conseil du 27 août 1609 le restitua dans la pleine administration et jouissance de Saint-Lazare. Les archives communales contiennent à ce sujet de nombreux documents. Les biens de l'Hôpital furent réunis au bureau de l'*Aumône commune* établie en 1696.

Le prêtre desservant Saint-Lazare, nommé par le Corps de Ville, recevait une rente annuelle de douze muids de blé.

Vers le même temps (1166 ?) on construisit aussi un autre hôpital appelé de Pontoile, dans le faubourg de ce nom et connu plus tard sous celui de Saint-Nicaise.

En 1191, rue de la Gréance, nous voyons l'hôpital de Notre-Dame.

La même année, Philippe Cakins, bourgeois de Saint-Quentin, fit de sa maison, située rue de la Gréance, un hôpital appelé maison de charité de Philippe Cakins (*Domus Charitatis Philippi Cakini.*)

Vers 1200 fut fondé *l'hôpital de Belle Porte ;* habité en 1256 par des religieux de la Trinité, il prit leur nom et dura jusqu'en 1557.

Quelques années plus tard, on bâtit en l'honneur de saint Jacques un hôpital rue Saint-Jean, au-dessus et vis-à-vis l'Eglise de cette paroisse. Destiné à recevoir les pélerins se rendant en Galice, il fut démoli en 1758.

En 1290, Mathieu *Buridan* , bourgeois de la

ville, bâtit à ses dépens, dans la paroisse Saint-Martin, un hôpital qui porta son nom. Après le désastre de 1557 on y transféra l'Hôtel-Dieu incendié.

Citons encore une autre maladrerie au quartier Saint-Nicaise près de la chapelle d'Epargnemaille. Peut-être n'était-ce que les dépendances de l'Hôpital de Pontoilles, et enfin la maison dite la *Charité des pauvres* située à l'angle des rues de la Fosse et de Saint-Jean.

Si les malades recevaient les soins qui leur étaient dûs, si l'on prodiguait aux corps les secours de la science, la culture de l'esprit n'était pas non plus abandonnée, ainsi que le prouve l'existence du

Collège.

Le collège de Saint-Quentin, bâti avant le XIIIᵉ siècle, a dû prendre naissance vers les dernières années de Raoul Iᵉʳ. Avant sa fondation, nous ne savons ce qu'étaient devenues les écoles publiques établies par Alomer, puis détruites peu après et finissant, malgré l'ordonnance de Charlemagne, par tomber dans l'ombre. S'il y en avait une, c'était celle des chanoines, près de la panneterie, d'où le nom de *scholæ in panario.* L'établissement de cette école ne fut pas beaucoup antérieur à celui du collège. On y conduisait tous les jours les enfants puis on les ramenait au collège, sorte d'asile. D'où le nom de *grandes* et *petites écoles*, les dernières s'appelant aussi *collège des bons en-*

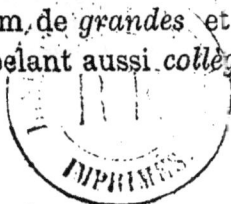

7

fants ou des *capets* à cause de la cape que portaient les élèves. Grâce aux dons qu'on lui fit, le collège put agrandir ses bâtiments et, grâce à la générosité de Gossuin le grénetier et de sa femme, il pouvait instruire douze jeunes gens pauvres, sous la direction des chanoines. Après 1557, il continua à donner l'instruction à la jeunesse et il exista jusqu'en 1856 puis disparut devant le Lycée actuel.

Établissements civils.

Nous ne pouvons dire exactement quelle était aux XIIe et XIIIe siècles l'étendue de la ville de Saint-Quentin (1) mais il est facile de juger de son importance par ce fait qu'elle était divisée en seize quartiers dont la garde était confiée à quatre *quarteniers* et seize *mayeurs d'enseigne* chefs de la milice bourgeoise.

Les boucheries existaient certainement à cette époque, au moins au nombre de deux (2). On comptait quatre halles, aux poissons, aux poids, aux draps et aux cuirs, attenantes l'une à l'autre. Il y avait trois moulins : Becquerel, du Grosnard et du Petit-Pont.

En 1212, la ville était le centre d'un commerce important de draperie, pelleterie, sellerie et toiles. Pour faciliter le commerce et lui donner

---

(1) Le territoire de la commune était très grand ; c'est ainsi, par exemple, qu'il allait de la Tombelle d'Omissy à celle de Giffécourt.

(2) Une charte de 1215 contient l'achat d'une boucherie par la ville à raison de 37 sols parisis (Ch. Gomart).

plus d'extension, on tenait une foire franche dans
la quinzaine de Pâques (1). Elle durait seize jours,
huit d'entrée et huit d'issue. Pendant cette foire,
certaines redevances, appelées *pertuisage*, étaient
dues par les marchands, vendeurs ou acheteurs,
ainsi que par les hôteliers : elles se montaient à
9 livres environ ou 18 marcs d'argent, somme
assez considérable pour l'époque.

Le beffroi, cette sentinelle infatigable qui signale
les incendies et l'approche de l'ennemi ou appelle
les citoyens à l'exercice de leurs droits, existait au
commencement du XIIIe siècle. D'après de la Fons
un chirographe de 1219 portait une rente sur « la
maison Pilon le Camusat qui fut au Castel derrière
le beffroi. » Ce monument consistait en une tour
carrée, en grès, sur laquelle on éleva une construction en bois ; il servit plus tard de prison, de
corps de garde et de guet.

(1) Et à partir de 1319 à la Saint-Denis, d'où le nom qu'elle porte
encore.

CHAPITRE XIV.

DE 1300 A 1557.

L'an 1300, Philippe de Majorque, petit-fils de Jacques d'Aragon et fils puîné du roi Majorque, fut nommé coûtre de la Trésorerie de St-Quentin. Nous avons parlé des cérémonies en usage lors de l'entrée d'un coûtre à Saint-Quentin ; Philippe rejeta ces formalités. Grand émoi parmi les chanoines qui portèrent plainte au roi. Celui-ci ne considéra pas l'offense si grande et maintint le nouveau dignitaire.

L'année suivante, nouvelles plaintes du Chapitre, cette fois contre les jurés qui voulaient faire payer aux chanoines le droit de taille sur les vins qu'ils avaient de reste et qu'ils vendaient. On permit à ces derniers de vendre leur vin sans payer les droits, pourvu que ce fût dans leurs maisons et sous le serment que ce vin, de leur récolte, était l'excédant de leur provision.

On faisait au clergé de continuelles concessions. En 1302, quand le roi qui armait contre les Flamands fit lever dans le Vermandois des vivres pour son armée, il exempta de l'obligation commune le clergé de Saint-Quentin ; il est vrai que celui-ci lui prêtait six cents livres.

En 1300, le Parlement et en 1303, Philippe-le-Bel

conservent énergiquement à l'échevinage la justice que différents ordres voulaient leur enlever. Le 12 mars 1311, le même roi ordonne aux maire et échevins de Saint-Quentin de faire dresser un inventaire des biens des criminels, ces biens lui appartenant en cas de condamnation.

Louis X, le Hutin, venait d'être couronné. Dans l'expédition qu'il voulut faire contre les Flamands il passa par Saint-Quentin (1315). Il exempte les chanoines des dîmes prélevées sur les grains pour la subsistance de ses troupes et le 20 septembre gracie Guérard de Doing, banni de la commune comme soupçonné de la mort de Mahuy de Guynes; le 2 novembre, il déclare que si, de sa propre autorité et à l'occasion de son avènement au trône, il accorda des lettres de rémission, il ne veut porter atteinte aux libertés et priviléges de la ville (1).

Depuis quelques années les mayeur, les jurés et les échevins plaidaient en Parlement contre le bailli de Vermandois, au sujet de l'étendue de leur juridiction dans la ville, les faubourgs et la banlieue. Le roi, faisant droit à leur demande, augmenta leurs pouvoirs et restreignit ceux du bailli (novembre et décembre 1316).

Comme ses prédécesseurs, Philippe-le-Long tint à se montrer généreux envers l'Eglise de St-Quentin. Les lettres « gardiennes », datées de 1320, mirent le Chapitre à l'abri de toute injure, violence,

---

(1) Archives Municipales, liasse 7.

oppression , de toute chose enfin pouvant préjudicier à leurs droits, possessions et franchises. Ces lettres furent confirmées par Charles-le-Bel (1322) et Philippe de Valois (1323).

Le 27 janvier 1320, Philippe V mande au bailli de Vermandois de ne souffrir ni permettre que le prévot de Saint-Quentin fasse quelque nouveauté. préjudiciable aux droits des habitants.

Le 2 décembre 1322 , Charles-le-Bel reconnaît qu'aux termes de leur charte, les bourgeois et habitants de la ville ne peuvent être cités en justice ni condamnés que par jugement des échevins ; le 28 mai suivant, il rend à ces magistrats leur juridiction telle qu'ils l'avaient avant la suspension de la commune.

Le 18 janvier 1327, Charles-le-Bel ordonne une commission, sur la demande des maire et échevins, pour rechercher « les cas , la manière et les personnes par quoi la haute justice leur appartient. »

En 1331 , les évêques de la métropole de Reims recommencèrent à tenir dans Saint-Quentin des conciles qui devaient se renouveler de trois ans en trois ans. Ces synodes se tenaient toujours au Couvent des Jacobins, comme précédemment.

Philippe VI protégeait l'Eglise de Saint-Quentin ; nous en avons une nouvelle preuve dans l'arrêt qu'il signait en 1337 pour faire défense de nuire à la basilique dans les fenêtres de laquelle on tirait de l'arc pour tuer les pigeons et d'autres oiseaux.

Le 5 mars 1332, Philippe de Valois, sur la de-

mande des maires et échevins, les autorise, en
considération des dettes dont ils sont grevés, à
lever un droit sur les vins, ainsi que sur les denrées et marchandises coûtant plus de cinq sols la
livre.

Quelques années plus tard, des coupables furent
condamnés au bannissement ; le même roi leur
fait grâce ; mais après que ses « amés les maire,
jurés et escheuins de la ville de Saint-Quentin »
lui eussent « donné à entendre en complaignant »
qu'ils protestaient énergiquement contre le bon
plaisir royal, il se fit apporter « les chairtes et
priuiléges de ladicte ville » et le 29 septembre
1341 mit « au néant ladicte grace, quittance ou
rémission en tant qu'elle se pouoit estandre en
ladicte ville et banlieue et soit préjudiciable à ladicte chairte et priuiléges d'icelle ville. »

Pendant qu'Edouard III faisait le siège de Cambrai, ses troupes ravageaient le Vermandois. Philippe, à la tête d'une armée de 100,000 hommes,
vint à sa rencontre et séjourna à Saint-Quentin.
La misère était déjà très grande, la présence des
troupes l'augmenta bientôt.

L'histoire de notre cité, pendant la première
moitié du XIIIe siècle, est remplie de querelles in-
testines. Signalons les procès intentés, en 1343,
au doyen, Jean du Bosquet, et au prévot, Laurent
du Mesnil, accusés le premier d'avoir, en réta-
blissant la prévoté, causé des troubles dans la
ville et, en outre, de s'être approprié un anneau
d'or trouvé dans les fouilles de l'Eglise ; le second,

du crime de faux. Jean du Bousquet fut maintenu dans ses fonctions et condamné seulement à une amende de huit marcs d'argent qui servirent à la fabrication d'un autel de cuivre pour le chœur; quant à Laurent du Mesnil il fit amende honorable, donna tous ses biens au chapitre et paya cent vingt livres pour les frais du procès.

En 1346, les magistrats demandèrent au roi à continuer de lever quatre deniers par livre pour les réparations à faire aux murailles et pour subvenir à l'entretien des troupes qu'on enrôlerait. Philippe VI, reconnaissant, octroya à la commune de grands priviléges.

L'année suivante, Jean III, duc de Brabant, vint conclure à Saint-Quentin le mariage de ses trois filles avec le duc de Gueldres, le comte de Flandre et le comte de Luxembourg.

A la mort de Philippe de Valois (1350) l'Eglise de Saint-Quentin reconnut son fils, Jean le Bon, pour souverain et premier chanoine.

Le 4 juillet 1351, est passé un traité et accord entre les mayeur, échevins et jurés, et le chapitre « touchant la justice criminelle en icelle et les saisies et annotations des biens des criminels et délinquants, prêtres ou séculiers. »

Le 7 juin 1353, le roi Jean accorde aux mayeur, échevins et jurés la connaissance des causes civiles et le droit de procéder chaque année à la nomination de leurs successeurs les mercredi et jeudi avant la Saint-Jean.

Les Anglais, ramenés en France par Edouard

en 1355, ravageaient le Nord de la France. Ces
pillards, ne rencontrant pas d'obstacles sérieux,
entrèrent à Saint-Quentin, saccagèrent l'Eglise et
enlevèrent les bestiaux des fermiers des chanoines.

La révolte des bourgeois contre les nobles venait d'être le signal de cette fameuse ligue des
paysans si connue sous le nom de Jacquerie. Dans
la Picardie surtout l'orage grondait violemment ;
les communes se soulevaient contre leurs magistrats, les paysans, armés, se jetaient sur les châteaux tuant, pillant et brûlant sans pitié. En face
de cette guerre atroce, le Dauphin convoqua une
Assemblée générale de tous ses états. Le chapitre
de Saint-Quentin y envoya Milon Thiessard : la
ville y fut représentée par Jean Soyer et Simon
Plate-Corne. Le gouverneur de Saint-Quentin,
Morée de Fiennes, reçut en cette assemblée l'épée
de Connétable de Erance.

Les « pilleries » et des contributions de toute
sorte épuisèrent le peuple. Il vint même, au dire
de Colliette, un excès si extrême que les chanoines
se trouvèrent hors d'état de payer les impôts.

Depuis lors jusqu'au commencement du XVe
siècle nous n'avons plus que quelques événements
sans grande importance à noter, en dehors des
Assemblées religieuses tenus de 1364 à 1369 et de
1395 à 1405.

En 1374 une sentence est rendue aux assises de
Saint-Quentin, portant homologation d'un accord
fait entre les abbés et religieux de Saint-Quentin
en l'Isle et les mayeur et échevins de la ville

« touchant l'usage des eaux et marests de la dicte abbaye pour par les habitants y tirer les tourbes, etc. »

Le 26 août 1380, « Jean de Bray, lieutenant de Mons. le bailli de Vermandois » écrit de Laon à la ville de Saint-Quentin et lui ordonne de prévenir « seize arbalestriés » de se préparer à partir pour Senlis afin de « résister à la mauvaise volonté des ennemis du royaume de France. »

En 1383, Henry le Masier, Seigneur de Beaussart, chevalier maître-d'hôtel du Roi et bailli de Vermandois, rend une ordonnance permettant « aux Mayeur, Echevins et Jurés de pourvoir à la nomination des Jurez et autres officiers de police comme coultiers de vin, gardes des halles d'étapes et autres, comme aussi de faire telles ordonnances, réglements et statuts pour les vivres qu'ils trouveront bon pour le bien, utilité et commodité publicque. »

Le 17 Décembre 1387 les Doyen, Chanoines et Chapitre, reconnaissent que la justice appartient dans toute l'étendue de la ville aux Mayeur, Echevins et Jurés.

Charles VI accorde aux Echevins, le 8 octobre 1394, une aide de deux deniers parisis à prendre sur chaque lot de vin, etc., et leur ordonne en 1420 de contraindre tous les habitants de faire la garde jour et nuit, conserver « les clefs et portes de notre ville, les clore et ouvrir en la manière accoutumée... ainsi qu'il appartiendra toutes quantes fois qu'ils en seront sommés ou requis de par vous, l'un de vous ou autres qui en auront la charge ou commandement, sans en ce épargner ou deporter quelque personne de notre ville et tellement que par faute de ce aucuns dommages ou inconvénients ne viennent à nous, à notre ville ny audict pays d'environ. »

En 1405, il y avait cinq ans que le Mayeur sollicitait un impôt de deux deniers pour chaque pot de vin que l'on vendrait et d'un denier pour chaque pot que l'on boirait, car il fallait trouver des fonds suffisants pour rétablir les portes et les murs de la ville devenue pour ainsi dire la clef de la France. La misère était grande en ces temps douloureux, aussi obtint-on l'autorisation demandée. A la même époque, la justice ecclésiastique, impuissante à réprimer des abus croissants, nomma un juge laïc chargé de faire respecter la religion. Il fut défendu aux barbiers et chirurgiens d'exercer leur profession et même de pendre enseigne les dimanches et jour de fête. Le Mayeur trouva qu'on empiétait sur sa juridiction et porta plainte ; mais on avait autre chose à faire : l'Anglais était aux portes.

Quant aux chanoines ils demeuraient exempts de toute levée et imposition.

En 1410, Charles VI ordonne, sur la demande des Mayeur et Echevins que les quarante arbalétriers qu'ils lui devaient envoyer tout armés resteront pour garder la cité et qu'il lui sera payé, à titre de dédommagement, une somme de trois cents livres.

Le 28 mars de la même année, il mande aux

mêmes personnages de ne laisser entrer dans la ville ni en sortir aucuns gens d'armes, archers, arbalétriers ou autres, fussent-ils de son sang et lignage, et de faire guet et garde nuit et jour (1).

En 1413 le roi vint à Saint-Quentin avec Isabeau de Bavière et fit don d'un superbe vitrail à la Collégiale. Pendant que les villes se liguaient contre lui, que Compiègne, Noyon et Soissons lui fermaient leurs portes (1414), Saint-Quentin lui resta fidèle. Il y revint (2) et y reçut la comtesse Marguerite de Hainaut qui venait lui demander la paix au nom de Jean de Bourgogne.

La bataille d'Azincourt faisait craindre le retour des Anglais et il fallut de nouveau faire la garde aux remparts ; mais en 1422 le vainqueur entra en maître dans la ville.

Six ans plus tard une nouvelle assemblée des évêques, tenue à Saint-Quentin, défendait aux clercs de fréquenter les cabarets et de se livrer au commerce dans la ville.

Lors de l'insurrection connue sous le nom de Praguerie (1487) Saint-Quentin eut à se défendre contre les *écorcheurs* qui ravageaient la province et qu'on finit par chasser en Champagne.

Quatre ans plus tard, nous voyons Philippe de Bourgogne lever des troupes dans cette ville pour aller reprendre au duc de Brabant son domaine de Luxembourg que celui-ci avait usurpé.

(1) Voir le *Vermandois*, année 1873, p. 29 et suiv.

(2) Enguerrand de Moustrelet dit : en 1424.

Une coalition terrible se forma, en 1465, entre
les ducs de Bourgogne, de Bourbon, de Nemours
et d'Armagnac contre Louis XI qui dut céder les
villes de la Somme à l'ambitieux comte de Charo-
lais. Mais les habitants supportèrent avec peine le
joug que leur imposait le traité de Conflans et, le
10 décembre 1470, chassèrent les Bourguignons.
S'étant replacés d'eux-même sous l'autorité royale,
ils eurent pour gouverneur le Connétable de Saint
Pol qui tenta, en 1475, de favoriser le parti des
Anglais et des Bourguignons et de trahir la France,
mais la cité fidèle repoussa les assaillants. Le roi
voyant le danger s'empressa de traiter avec
Edouard IV et Charles-le-Téméraire. Ce dernier
rentra en possession du Vermandois et livra le
Connétable qui fut décapité le 19 décembre de la
même année. Avec lui « tomba cette sinistre maison de Luxembourg cimentée du sang de Jeanne
d'Arc. (1) »

Dès qu'ils surent la mort du duc de Bourgogne
devant Nancy, les habitants de Saint-Quentin se
soulevèrent pour la seconde fois, d'eux-mêmes et
sans aucun secours ; le drapeau français flotta de
nouveau sur la ville et nul doute que dans ces circonstances la compagnie des arquebusiers, instituée en 1461 par le roi qui la confirma en 1482, ne
jouât un rôle principal ainsi que dans la suite des
évènements militaires. (2)

(1) H. Martin. Histoire de France, tome VII, p. 101.
(2) G. Lecocq. Histoire de la compagnie des canonniers-arquebusiers de la ville de Saint-Quentin (Mémoire couronné par la Société
des Antiquaires de Picardie.)

En 1479, notre ville eut terriblement à souffrir des querelles du roi et de Maximilien et des luttes dont la Picardie fut le théâtre. Puis vinrent les maladies de tout genre et la famine.

Le 26 juin 1486, Frédéric de Horn, général de l'empereur, s'approcha de Saint-Quentin ; déjà, protégé par les ombres de la nuit, il était entré dans la ville par une brèche mal gardée ; mais bientôt les bourgeois, réveillés par le tumulte, coururent aux armes, tuèrent les premiers soldats qu'ils rencontrèrent, et non contents de repousser l'ennemi le poursuivirent jusqu'au village de Marcy.

Maximilien d'Autriche jura de se venger sans retard, et le 3 septembre il voulut réparer l'échec de ses armes ; cependant un jeune homme, Jean Maillefer, avait aperçu dans la campagne les mouvements des armées ; il accourut en grande hâte prévenir le chevalier de Moy, gouverneur de la place ; celui-ci rassembla à la hâte les quelques soldats dont il disposait et les milices bourgeoises ; il fit allumer de grands feux dans les rues, dans les postes, dans les fossés. Maximilien ne soupçonna pas la ruse, et se voyant découvert, battit en retraite.

En novembre 1501, Saint-Quentin reçut dans ses murs Philippe, archiduc d'Autriche, qui traversait la France pour se rendre en Espagne. Une réception princière lui fut faite : on tendit de tapisseries les rues où il passa et les comédiens jouèrent le martyre de Saint-Quentin. (1)

(1) Voir la notice de M. Ed. Fleury : *les jeux de Dieu.*

La paix conclue à Saint-Germain-en-Laye, entre la France et l'Angleterre, fut signée le 14 août 1213 et publiée à Saint-Quentin le 19. Les habitants qui la croyaient sérieuse l'acclamèrent avec enthousiasme ; mais leur espoir fut déçu, car dix ans plus tard l'ennemi revint de nouveau, enlevant à notre cité cette tranquillité tant désirée que des ravages incessants autour d'elle lui avaient sans cesse refusée.

Quand les impériaux rentrèrent en Picardie Jean de Nassau, prince d'Orange, s'empara de Guise, mais il se brisa, lui et ses 30,000 hommes, contre les murs de Saint-Quentin.

Malheureusement les armes trahissent parfois les meilleures causes et la victoire incertaine s'arrête sur les plus nombreux. Aussi la noble et courageuse cité va-t-elle en faire bientôt la douloureuse expérience en s'offrant à la Patrie pour la sauver. Avant de raconter ce sacrifice sublime passons rapidement en revue les nouveaux établissements.

CHAPITRE XV.

La Collégiale.

Les travaux de la nouvelle Eglise, dont le chœur eut sans doute pour architecte le grand artiste Villard d'Honnecourt, ne discontinuaient pas. Vers 1316, on sculpta l'histoire du Martyre de Saint-Quentin aux frais des bourgeois et des chanoines. Environ trente ans après, Pierre de Soissons, jurisconsulte, fit don d'un vitrail avec son portrait, comme plus tard le Corps de Ville donna aussi un vitrail où tous ses membres étaient représentés.

En 1424 on activa les travaux de la nef et des chapelles latérales. Le portail Amoureux fut construit un peu plus tard. Enfin avant 1550 était rétabli le clocher détruit le 11 avril 1545 par la foudre.

Pour ne plus revenir sur ce sujet ajoutons quelques mots relativement à l'état actuel de l'édifice.

La Collégiale est un des plus beaux monuments de France ; sa longueur est de 133 mètres, sa hauteur de 40 mètres et sa largeur varie entre 27 et 42 mètres. Elle présente la forme, si rare, de la croix archiépiscopale. Des portes qui y donnent

ÉGLISE

Collégiale

de

S.ᵗ QUENTIN

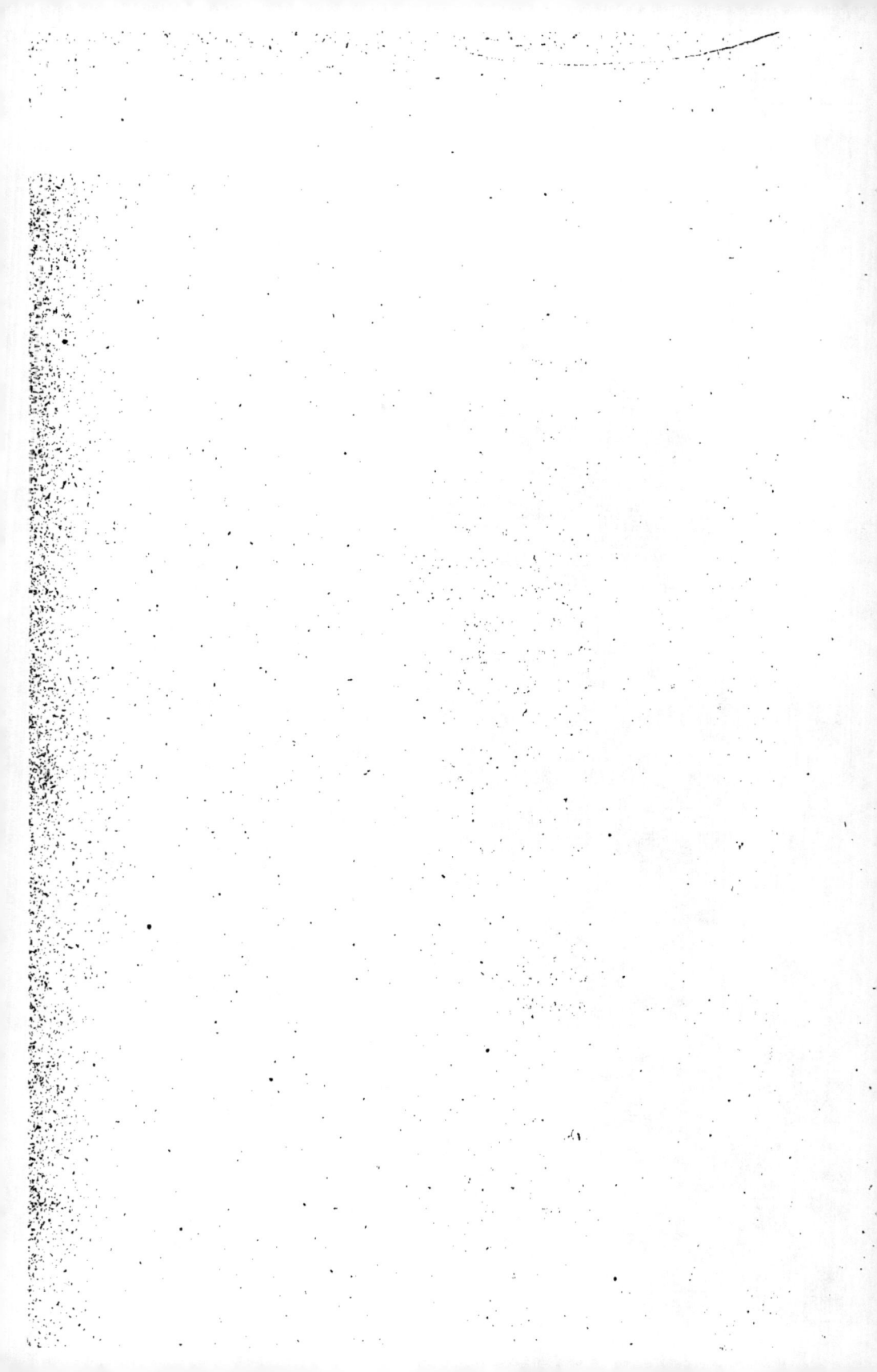

accès, nous signalerons tout particulièrement le *portail des Amoureux* ; mais on s'arrête étonné en pénétrant par le grand portail.

« Quand on examine les voûtes de l'église de Saint-Quentin , dit M. Ch. Gomart , on est effrayé de l'élévation de l'édifice, car l'ogive ajoute encore à sa hauteur prodigieuse une hauteur imaginaire ; il y a vingt-deux arceaux de hautes voûtes le long de l'église et dans les transsepts , et soixante-deux de basses-voûtes, tant dans les nefs intérieures que dans les chapelles. Ces voûtes , d'une hardiesse surprenante , sont d'une légèreté plus grande encore ; leur force se compose d'arcs doubleaux et d'aretiers moulurés reposant sur les piliers de chaque travée. La justesse et l'harmonie des proportions générales , la forme élégante des ogives , l'heureuse disposition de tout cet ensemble de colonnes lançant dans les airs leurs rameaux gigantesques, les belles proportions dans la forme des arcades et des fenêtres, » la vaste étendue des nefs, toutes ces merveilles de hardiesse sont faites pour permettre à la pensée religieuse de s'enflammer et s'exhaler dans cet espace immense et lumineux.

L'émotion qu'éprouve l'étranger en entrant dans la Collégiale a été partagée par des personnages illustres, par des souverains, par des rois de France et, entre autres, Louis XV, qui s'écria : « ah ! voilà une église bien digne d'être conservée. »

Mais il s'est produit dans l'œuvre des mouvements qui ont été arrêtés ou tout au moins atténués aux dépens de la forme et de l'élégance, il a fallu recourir à des arcs-boutants, à une double rangée de contreforts, en même temps que l'on renforçait les trop faibles piliers du second transsept de colonnes octogones et de colonnettes.

La flore ornementale est très-riche ; le sculpteur y a trouvé d'immenses ressources et les chapiteaux sont habilement ornés.

Jusqu'en 1786, la pierre était complètement couverte de peintures ; à cette époque, le Chapitre, devançant les destructeurs de 1793, fit badigeonner tout le monument ; grâce au zèle de M. Bénard, une partie de ces curieuses décorations a revu le jour, surtout dans la chapelle de Sainte Madeleine. Les chapelles Sainte Anne, de la Vierge, du Sacré-Cœur, etc., ont été restaurées avec beaucoup de goût ; signalons de même les peintures murales des artistes modernes Saint-Quentinois Laugée et Leveau.

Le Chœur était jadis enrichi à l'intérieur de superbes tapisseries, à l'extérieur de bas-reliefs représentant le martyre de l'apôtre de Vermandois ;

les unes ont été vendues, les autres ont été bri-
sés.

On peut encore admirer la chapelle de St Michel
sous la tour, l'arbre de Jessé, la chapelle du Saint-
Sépulcre, des pierres tombales, le cénotaphe de
M. Tavernier, remplaçant celui de Grégoire de
Ferrières, les grilles gothiques des portes latérales
du Chœur, la croisée de Louis XI, etc., etc.

Quelques groupes, retrouvés dans les combles
ou donnés par la Société Académique, ont été remis
en place.

De chaque côté du Chœur sont les autels de
Saint Quentin et de la Vierge, avec statues en
marbre; ces statues sont bien exécutées, mais
molles et peu sévères. La Vierge a une attitude gracieuse, mais elle est trop jeune et trop mondaine,
c'est une charmante marquise; Saint Quentin,
avec ses cheveux bouclés et son riche costume
ressemble plus à un héros d'opéra comique qu'à
un martyr qui a expiré dans les tourments.

Les vitraux modernes sont généralement jolis;
mais les anciens sont des plus magnifiques; citons
particulièrement, à cause de leur beauté ou de
leur caractère, ceux du chœur, de la chapelle de la
Vierge, des tailleurs et des portefaix (1), les rosaces
et surtout les deux grandes verrières de Sainte Catherine et de Sainte Barbe. La première a été
donnée par Charles de Bovelles, chanoine de l'E-
glise, qui y est représenté à genoux: sur son

_____

(1) G. Lecocq. Etude sur les vitraux de la Collégiale de Saint-
Quentin, 1re partie.

prie-Dieu sont ses armes : *de gueules , au pal de sinople , à un vol d'or , chargé de trois coquilles d'argent* ; la seconde est due à la générosité de Jean de Torsy , Antoine Daussieuville et Noël Thierry chanoine de Saint-Quentin.

Antoine Daussieuville, sa femme et Noël Thierry figurent à genoux près du prie-Dieu à leurs armes.

Les orgues, refaites en 1703, par « Jean-Benain, dessinateur du roi, Pierre Vanneau, menuisier sculpteur, et Cliquot, facteur, » sont très remarquables.

La Collégiale de Saint-Quentin, grâce à ses proportions et à son emplacement, est un des édifices les plus imposants que l'on puisse contempler ; sa masse, d'où qu'on la voie, est d'un grand effet, surtout quand on arrive , par le chemin de fer , de Busigny. Elle domine la ville et produit une vive sensation sur toutes les âmes.

Béguinages.

L'an 1303 , Gossuin-le-Grenetier , bourgeois de Saint-Quentin, et sa femme, destinèrent une partie de leurs biens à la fondation d'une chapellenie et d'un béguinage. La chapellenie , érigée dans l'Eglise Saint-André, porte le nom de Notre-Dame des Bons-Enfants. Le béguinage fut établi dans la maison des donateurs, rue de la Fosse, derrière les Jacobins. Il était destiné à loger treize femmes veuves ayant au moins 60 ans. En 1504 , le bâtiment tombant en ruines, fut reconstruit; cinquante ans après, il fut réuni au grand Hôtel-Dieu.

En 1334 (de la Fons dit 1336) Robert de Su-
zanne fonda un béguinage destiné à l'entretien de
douze femmes pauvres que leurs infirmités ou leur
âge mettaient dans l'impossibilité de vivre autrement (1). Cet établissement était contigü au cimetière Saint-Louis, et touchait aux remparts. Il ren-
fermait une chapelle desservie une fois la semaine
par un chapelain de Sainte-Pécinne. On nommait
ce chapelain cantuariste, du nom du bénéfice can-
tuaire érigé dans cette église. Quentin de la Fons
assure que le béguinage fut détruit en 1557 et les
lieux lui appartenant réunis au couvent d'Esquehéries. Colliette n'est pas d'accord avec lui sur ce
point, car il dit que Gérard d'Esquehéries, avait,
lui aussi, donné sa maison pour en faire un béguinage et que ces deux établissements, après avoir
subsisté quelques années séparément, furent réunis ensuite par ordre du mayeur.

Ce nouveau béguinage était situé rue des Flamands (rue Sainte-Anne actuelle.) Il avait aussi
un chapelain, mais à la nomination du Chapitre.
Quant à la chapelle Sainte-Anne qui lui servait
d'oratoire, les deux auteurs sont encore en con-
tradiction sur la date de sa fondation. L'un la représente comme antérieure au couvent et l'autre
comme construite en même temps.

En 1550, nous voyons, rue de la Poterne, le béguinage d'Etreillers réuni plus tard à celui de
Gibercourt, et en 1554 celui de Villecholes fondé

---

(1) La rue où fut établi ce béguinage en prit le nom qu'elle a conservé : rue des Suzannes.

par Jean Charpentier, seigneur du lieu et bourgeois de Saint-Quentin.

Hôpitaux.

Nicolas de Saint Just, doyen de Saint-Quentin, fonda en 1320, un *hôpital* appelé de *Saint-Nicolas*. Il lui donna par testament quelques uns de ses biens et un lit garni (*litum fournitum*).

L'hôpital de Lambais, du nom de son fondateur, fut construit vers le milieu du XIVe siècle. De la Fons dit qu'il était établi rue de la Gréance vis-à-vis de l'abbaye d'Isle et qu'il tenait par derrière au béguinage d'Esquehéries. Colliette le place, non dans Saint-Quentin, mais au village de Bernicourt, et ayant une maison en ville. Détruit en partie lors du siège, il fut réuni au grand Hôtel-Dieu.

Vers 1352 fut créé, par Gilles de Lorris d'après Colliette, par Jean de Meulan suivant de la Fons, *l'hôpital du Petit-Pont*, destiné à recevoir les pauvres. Devenu communauté religieuse, il fut supprimé au XVIIIe siècle par décret royal.

Colliette signale en outre les trois maisons hospitalières du Porchet, des Lorges et du roi.

Fortifications.

Vers le milieu du XIVe siècle le faubourg d'Isle, jusque là renfermé dans la ville, en fut séparé par un large fossé ; car, plus étendue, la cité eut été d'une défense trop coûteuse et trop difficile.

En 1470, Louis XI fit raser l'abbaye de Saint-Prix, sur les hauteurs de Rocourt, dans la crainte que les ennemis, s'en emparant, ne s'y établissent. Au commencement du XVIe siècle une mu - raille allant de la grosse tour à la tour Sainte-Catherine retranchait de la ville la paroisse Saint-Nicaise.

Hôtel-de-Ville.

L'Hôtel-de-Ville de Saint-Quentin, qui est un des ornements de la Grand'Place, s'élève sur l'em- -placement de l'ancienne *Maison de la Paix* cons- -truite en 1331. La date de son achévement nous -est apprise par une inscription de Charles de :Bovelles.

D'un mouton et de cinq chevaux,	
Toutes les testes prendrez,	MCCCCC
Et a icelles sans nuls travaux	
La Queue d'un veau joindrez	V
Et au bout adjousterez	
Tous les quatre pieds d'une chatte :	IIII
Rassemble, vous apprendrez	
L'an de ma façon et la date	MCCCCCVIIII

Ce rébus, enlevé en 1557 par un soldat espa- ·gnol, a été replacé en 1853 sur le pilier d'où il avait ·été arraché.

L'Hôtel-de-Ville est un des monuments les plus remarquables de l'architecture civile au XVIe siècle.

Sa façade gracieuse et élégante est surmontée de trois frontons triangulaires percés de rosaces d'un heureux effet ; celui du milieu supporte un élégant campanile contenant le carillon qui tous les quarts d'heure fait entendre un son argentin et joyeux.

Le premier étage est éclairé par neuf fenêtres ogivales entourées de guirlandes de fleurs finement sculptées et séparées par des niches vides de leurs statues.

Au rez-de-chaussée, une galerie à sept arcades, alternativement grandes et petites, est ornée de sculptures dont plus d'une forme, avec le caractère du lieu, un constraste frappant.

« Parmi les détails, dit M. Ch. Gomart, on remarque une suite de sujets grotesques ou satiriques: des prédicateurs à tête d'animaux, des moines à oreilles d'ânes, des abbés gloutons, des vendangeurs, des hommes tirant des animaux fantastiques par la queue ; d'autres sujets aux attitudes indécentes, une femme fouettée par un fou et un chien, une autre dont un jeune gars tire la jupe, etc... L'homme y est parodié dans ses actions, ses vices et ses talents, comme si le Moyen-Age avait voulu laisser, sur le monument, l'empreinte complète de son esprit. »

Nous avons déjà parlé du Corps de Ville et son histoire est celle de la cité tout entière. Les chartes qu'il signait sont scellées d'un grand sceau, aujourd'hui perdu ; mais après 1557, quand la ville fut rendue à la France, on fit un nouveau sceau en tout semblable au précédent, sauf la

L. Malinguin del et sculp.

Hôtel de Ville de St Quentin d'après

date ; il figure dans la remarquable collection de
M. F. Le Serurier. Rond, d'un diamètre de 55 mil-
limètres, il nous montre le mayeur à cheval, tenant
un bâton à la main droite, suivi de deux sergents
à pied, armés aussi de bâtons, marchant sur un
champ fleur-de-lisé terminé en rose. On lit cette
légende : Sigillum juratorum ville Scti Quitini
ad Cas : 1559.

Pour terminer ici ce qui se rapporte à ce monument, signalons *la Chambre du Conseil* où se sont
débattus et où se débattent encore les intérêts de
la ville. Le 9 décembre 1589, Henri IV y dîna avec
les Saint-Quentinois.

La porte n'est pas sans valeur ; ses cuivres
ciselés, ses sculptures sur bois méritent un regard.
On y lit cette inscription :

EX DONO STEPHANI FIZEAUX ÆDILIS, ANNO MDCCXIX.

En face, une cheminée sculptée aux vastes proportions, attire l'œil tout d'abord. Semi-gothique, semi-renaissance, elle était ornée autrefois des statues des douze Pairs de France. Le plafond, formé de deux voûtes en bois, est peint et semé d'étoiles. On y remarque aussi l'F de François Ier et des fleurs de lys, ainsi que des figures de grandeur naturelle d'une exécution assez naïve et représentant, d'après M. Ch. Gomart, les six personnages importants de la commune au XVe siècle, savoir : le Mayeur d'enseigne, le Geôlier de la prison, le Mayeur, l'Argentier, (Oudard de Marle), l'Architecte et le Fou de la Ville.

La salle est éclairée par les fenêtres ogivales aux vitraux peints portant un grand nombre d'écussons, ceux de la ville, du bailliage, des communautés, des canonniers, etc., d'autres reproduisent les principaux épisodes de la vie d'Hercule, comme une pierre sculptée représente le jugement de Pâris.

Nous avons retrouvé dans les poudreux « Registres de la Chambre du Conseil » la note suivante, qui achèvera de nous donner une idée assez exacte de la décoration intérieure :

Cejourd'huy XIIIIe dudit mois (juin 1652), la tenture de tapisserie fleur-de-lisée de laquelle Mrs les Eschevins de la vicomté le Roy ont faict don à la ville estant à présent en charge a esté mise et tendue dans la Chambre du Conseil. De quoy a esté dressé ce présent acte.

Enfin, la Société Académique possède de beaux et gracieux panneaux de la Renaisance qui ornaient autrefois la Chambre du Conseil.

Commerce.

Philippe-le-Long, en 1319, avait remis en vigueur la foire franche de Saint-Denis. Les redevances furent abolies et remplacées par le paiement annuel de dix-huit livres parisis.

Le bailli de Vermandois avait le droit de diminuer la durée de cette foire qui se tenait ordinairement pendant quinze ou seize jours. En 1455, Charles VI exempta du paiement de 12 deniers sur toutes les marchandises qu'on y vendait. Elle eut lieu d'abord hors la ville ; puis, aux temps de troubles, dans l'intérieur des murs. Les ventes et achats se faisaient aux poids de la ville avec des balances et des poids sortant de la maison de la Monnaie.

Cette foire, à laquelle accouraient en foule les bateleurs (1), les joueurs de mystères, les écoliers, réunissait tous les divertissements et, comme aujourd'hui encore, formait une véritable fête.

Le commerce de Saint-Quentin avait une certaine importance à cette époque et pour en faire sentir les progrès nous allons reprendre les choses d'un peu haut.

L'orfèvrerie avait donné des produits remarquables au VIIe siècle et surtout des châsses d'une grande richesse.

(1) Les bateleurs de Chauny, les fameux *Singes de Chauny* dont parle Rabelais, ont dû y venir souvent. Sur ces célèbres amuseurs du peuple et des grands, voir les articles publiés dans le *Vermandois* (années 1873 et 1874) et les brochures de MM. Fleury et J. Lecocq.

Au VIIIe siècle, Charlemagne établit dans ses domaines des tissages et développe l'art de fabriquer les étoffes ; après lui, on voit les artisans se réunir en association.

« Le Xe fut celui où les habitants du Vermandois se livrèrent davantage au commerce et à l'industrie, et où ils se mirent à fabriquer pour revendre en gros. Ce fait est certifié par plusieurs actes et par la charte d'Albert II dans laquelle il est dit « qu'il est permis à ses habitants d'être jugés » par les maieur et jurés, auxquels est accordé le » droit de juridiction sur les *fabriques, salaires* » *des ouvriers et prix des marchandises vendues.* » Une charte de 1195, de la princesse Aliénor est encore plus explicite.

La monnaie qui, dans les échanges, sert de mesure et qui, par elle, est un équivalent ; la monnaie qui n'est pas une marchandise, mais à laquelle les hommes ont recours pour faciliter leur trafic, se fabriquait à Saint-Quentin qui avait ses ateliers royaux. A cette époque, le mayeur y faisait payer le prix des denrées qui y étaient vendues et, si un bourgeois refusait d'en acquitter le montant, il avait le droit de l'y contraindre.

Vers la XIe siècle, cette ville était déjà assez réputée comme commerçante pour qu'un abbé ait écrit « que les habitants de la Thiérache venaient y faire tous leurs achats (1). » Elle avait aussi, dans le même temps, une fabrique de tapisseries (2).

(1) Ch. Picard. Saint-Quentin, de son commerce et de ses industries.
(2) Charles Blanc. Histoire des peintres de l'école française.

Au XIIe siècle, le commerce continuait à être florissant. Une charte nous apprend qu'une aune de grosse toile se vendait alors 15 deniers (environ sept francs de notre monnaie d'aujourd'hui) et une paire de souliers 18 deniers. « Aux XIIIe, XIVe et XVe, jusqu'à la moitié du XVIe siècle, l'industrie principale de Saint-Quentin, comme celle de la Picardie, était celle des étoffes de laine. On y fabriquait des ratines, des draps feltins, des draguets de laines, frizons et frizes façons d'Angleterre. Toutes ces étoffes de laine étaient aussi appelées de la layetterie, parce que le fil de la layette, qui était fait de laine peignée et filée au petit rouet, composait seul leurs chaînes.

On faisait aussi beaucoup de toiles dans les environs de Saint-Quentin et de plus cette ville était le centre d'un grand commerce de vins, de peaux, de blé, de bois, et de charbons. Au XVIe siècle elle était devenue pour les Flandres et les Pays-Bas le grand entrepôt général des vins de Champagne, de la Bourgogne et de l'Orléanais et les vastes caves des maisons qui avoisinaient sa grande place en recevaient des envois considérables. Elle faisait également partie de cette association des 24 villes des Flandres et de la Picardie qui, sous le nom de Hanse de Londres, vendit du XIIIe au XVIe siècle, la plus grande partie des étoffes de laine qui se consommaient en Angleterre (1). »

Malheureusement les corporations, avec leurs

---

(1) Ch. Picard. op. cit.

durs statuts, mettaient au développement du travail de singulières entraves et décourageaient souvent les ouvriers en les empêchant, par de nombreux obstacles, d'arriver à la maîtrise. Elles faisaient souvent des dons aux Eglises, notamment des vitraux où les bordures indiquaient leur caractère ; ainsi pour les serruriers une clef, etc.

Les drapiers et les porte-faix se sont surtout distingués en ces occasions.

CHAPITRE XVI.

LE SIÉGE DE 1557

Nous venons de voir quelle était la situation prospère de la ville de Saint-Quentin au milieu du XVIe siècle. Malheureusement à ces jours de travail et de paix allaient succéder des jours de misère et de deuil.

C'était au mois d'août 1557. Nos meilleures troupes étaient en Italie quant tout à coup on apprit qu'une armée forte de 60,000 hommes et qui allait bientôt en compter près de cent mille avait investi Saint-Quentin. « Plus tard on prétendit que des présages sinistres avaient annoncé aux Saint-Quentinois les calamités qui les menaçaient. On se rappela le clocher incendié par la foudre en 1547 ; on raconta qu'un homme hideux, hérissé, en haillons, avait parcouru la ville en criant : *malheur !* *malheur !* comme il était arrivé jadis dans Jérusalem à la veille de sa ruine. (1) »

Le roi d'Espagne venait donc de lever dans les Pays-Bas une puissante armée dont il confia la conduite à Philibert Emmanuel, duc de Savoie. Cette invasion formidable de Flamands, Allemands, Espagnols, Namurois, Liégeois, Wallons, auxquels allaient s'ajouter des Anglais, pénétra en France.

(1) H. Martin. Histoire des villes de France.

Une ruse habile donna le change à nos généraux et l'ennemi atteignit bientôt la Picardie, son principal objectif. Là, après avoir feint d'assiéger Guise, il se présenta à l'improviste devant Saint-Quentin (2 août).

La ville n'était pas prête pour un choc aussi formidable et auquel elle était loin de s'attendre. Des murailles en mauvais état, point de garnison, point d'artillerie, des vivres et des munitions insuffisantes, voilà quelles étaient ses ressources. A peine y avait-il dans la place cent hommes d'armes formant la compagnie du Dauphin commandée par Théligny ; quant à la milice bourgeoise, qui comptait 500 hommes divisés en quatre compagnies , elle n'avait pour toutes armes que des hallebardes et des piques. Les canonniers et les archers étaient au nombre de quatre vingts. Signalons enfin, pour toute artillerie quinze pièces de canons, batardes et couleuvrines, dont plusieurs en mauvais état; comme armes à feu quelques arquebuses ordinaires et vingt et une à crocs.

Avec les moyens d'attaque dont on disposait depuis l'invention de l'artillerie, organiser la résistance dans de telles conditions semblait impossible ; attendre des secours de l'armée française était invraisemblable puisque les 10,000 hommes de Montmorency se tenaient à distance des Espagnols. Et cependant, livrés à eux-mêmes, les Saint-Quentinois jurèrent de défendre énergiquement leurs murailles.

L'ennemi arriva le 2 août, après avoir saccagé

et détruit Origny-Sainte-Benoite. Il forma bientôt un vaste cercle autour de la cité. Pendant que des détachements cernaient la ville du côté de Pontoilles, Saint-Jean et Remicourt, les Espagnols attaquaient, en avant de la vieille muraille du faubourg d'Isle, le boulevard extérieur récemment établi.

Les habitants et la garnison coururent aux remparts de ce côté avec deux pièces de canon, mais l'avantage de la position était à l'ennemi qui, retranché dans quelques maisons dont il s'était emparé, leur tuait beaucoup de monde en restant à l'abri. Force fut aux assiégés de se replier : les Espagnols prirent possession de ce qu'on nommait alors le haut faubourg dans les maisons duquel ils postèrent leurs arquebusiers.

L'amiral de Coligny, à la tête d'un détachement de 3000 hommes, avait mission de défendre le passage de la Somme et de prêter secours à Saint-Quentin et à Péronne si ces villes étaient attaquées. Il se trouvait à la Fère quand il reçut l'ordre de se jeter immédiatement, avec le plus de soldats possible, dans la ville menacée. Il n'en apprit l'investissement qu'à Ham. Sans attendre il partit le 2 au soir avec ses gendarmes et deux compagnies à pied. Cinquante cavaliers et des guides sûrs éclairaient la marche. A une heure du matin il pénétra dans la place, mais une partie de sa troupe s'étant égarée, n'arriva que le lendemain. Ce enfort de 300 hommes était peu, il est vrai, mais le courage de l'amiral était connu et sa présence remplit de confiance les habitants.

Coligny passa en revue les défenseurs et visita les fortifications du faubourg d'Isle sur lesquelles on plaça deux canons. Il fit creuser une tranchée en avant de la muraille qu'on dominait du faubourg. Sa pensée était de faire une sortie pour incendier les maisons servant de retranchements aux Espagnols et de réoccuper le boulevard. Si cette tentative réussissait on creuserait une tranchée en avant de la vieille muraille.

Ayant assemblé les notables, il les rassura sur l'issue du siège, après quoi il fit faire le recrutement de tous les hommes valides capables de porter les armes et de travailler aux terrassements. On réunit à l'Hôtel-de-Ville les armes et les outils de toute nature qu'on put trouver. Un état des approvisionnements et des munitions de guerre fut dressé. On répartit les compagnies dans les quatre quartiers : Saint-Thomas, Sainte-Pécinne, Saint-André et Sainte-Marguerite. On répara à la hâte le mur d'enceinte ; les arbres des jardins avoisinant la porte Saint-Jean et pouvant abriter l'ennemi furent abattus ; enfin on prit toutes les précautions nécessaires pour être en mesure le mieux et le plus tôt possible.

Le 3 août, au soir, la sortie projetée eut lieu par le faubourg d'Isle. Les assiégés incendièrent quelques maisons mais durent reculer devant le nombre de leurs adversaires. Malgré les observations d'officiers trouvant inutile la défense du faubourg, Coligny fit creuser vis-à-vis de la vieille muraille une tranchée, doubla les sentinelles et mit cet endroit sur un pied de défense considérable.

Le lendemain une autre sortie sur un poste du côté de Remicourt fut repoussée et Théligny, qui commandait la compagnie du Dauphin, tomba mortellement blessé.

Grâce à l'intelligence et à l'activité du Mayeur, Varlet de Gibercourt, tout fut bientôt organisé en ville. L'état des vivres vint jeter un moment l'inquiétude parmi les habitants qui se voyaient dans trois semaines réduits à la famine, mais un second état promit pour trois mois de vivres.

Cependant l'ennemi resserrait son cercle de jour en jour. A la suite de reconnaissances faites par lui vers les ouvrages de la place, il décida de l'attaquer par deux points : la courtine de Remicourt et celle du Vieux-Marché ; il modifia ensuite son projet et dirigea tous ses efforts vers la porte de Remicourt. La muraille de ce côté, présentait une ligne droite depuis la tour à l'Eau jusqu'à la tour Rouge et l'ennemi n'avait pas à craindre d'être pris en travers par le feu des remparts. Depuis le faubourg Saint-Jean jusqu'à la tour à l'Eau, les Espagnols ouvrirent une tranchée de laquelle devaient partir trois chemins couverts se dirigeant l'un vers cette tour, l'autre vers la tour de Remicourt et le troisième vers la tour Rouge. Devant ces formidables préparatifs, Coligny entrevit un siège meurtrier, qu'il ne pourrait soutenir longtemps avec les forces dont il disposait : il réclama du renfort à La Fère.

Le colonel d'Andelot, avec 4,000 hommes d'infanterie devait chercher à percer jusqu'à Saint-Quentin, pendant que de son côté la cavalerie du maréchal d'Ancre occuperait l'ennemi et chercherait à le dérouter; mais la trahison de quelques chevau légers Anglais fit échouer cette entreprise. D'Andelot trouva les chemins coupés et dut battre en retraite après avoir vainement essayé de traverser les lignes ennemies.

Le même jour, l'armée Anglaise forte d'au moins 10,000 hommes et pourvue d'une nombreuse artillerie vint se joindre aux Espagnols et camper près de Rocourt. Les assiégés, malgré cette défaite, ne perdirent pas courage : on arma environ 250 habitants des villages voisins réfugiés dans la ville. Quant aux invalides et à ceux qui ne pouvaient travailler on les fit sortir par la porte de Ham ; ils subirent les mauvais traitements des assiégeants et Coligny fut blâmé d'avoir ordonné leur expulsion.

Dans la nuit du 8 au 9, les batteries de brèche furent rapprochées : elles ouvrirent un feu nourri contre le faubourg d'Isle qu'on dut évacuer. Les maisons furent incendiées une à une, sauf l'abbaye, et les troupes se replièrent sur la porte qui fut murée. Quand on en retira les poudres renfermées dans les tours, l'une d'elle sauta, ouvrant une énorme brèche. L'amiral, qui était à la tour à l'Eau, accourut aussitôt et on eut le temps, à la faveur de l'incendie, de fermer la brèche sans que l'ennemi s'en aperçût.

Il fallait, à tout prix, secourir Coligny, mais comment ? D'Andelot ayant échoué, on songea au passage du Grosnard : des pierres, des planches, des fascines jetées dans les tourbières formèrent un chemin à peu près praticable ; les troupes devaient traverser la rivière à l'aide de bâteaux plats et gagner la ville par le marais. On instruisit le Connétable de ces préparatifs. Il partit de la Fère le 8 août avec 4,000 hommes d'infanterie et 2,000 de cavalerie. Arrivé près d'Essigny-le-Grand il s'arrêta, rangea ses troupes en bataille et envoya des officiers déguisés reconnaître les positions ennemies. Ils revinrent disant que le projet n'était pas réalisable, qu'on ne pouvait ravitailler la ville que par la force. Le Connétable recula, rassembla toutes ses troupes et fit prévenir, à Ham, le maréchal Saint-André de le rejoindre immédiatement.

Le 10, l'armée française forte de 900 gendarmes, 1,000 chevaux légers et arquebusiers à cheval, 15 compagnies françaises et 22 allemandes d'infanterie, et 15 canons se trouvait vers Jussy, en vue de l'armée Espagnole qui couvrait la plaine de Remicourt de la route de Cambrai à la Somme. L'ennemi occupait donc la rive droite et les nôtres la rive gauche. Le seul point de communication entre les deux rives et le seul par où l'on eût pu opérer le ravitaillement, était l'étroite chaussée de Rouvroy. Il fallait donc s'en emparer. Notre artillerie, bien dirigée, mit d'abord le désordre dans le camp espagnol, mais la précipitation des troupes à se jeter dans les marais fut cause de leur pérte: beaucoup de soldats se noyèrent ou périrent sous le feu ennemi. Cependant, d'Andelot parvint à entrer dans la ville avec 400 soldats environ quelques canonniers et l'ingénieur Saint Remy. La faute commise par le Connétable fut vite reconnue par Philibert Emmanuel ; sans tarder il lança ses troupes à travers le passage de Rouvroy et faisant développer la cavalerie par le Mesnil-Saint-Laurent chercha à couper la retraite à l'armée française, qui, attaquée de tous côtés, fut mise en une déroute complète après la résistance la plus énergique. La plus grande partie de nos troupes et de l'artillerie resta sur le champ de bataille. Les morts, les blessés, les prisonniers étaient innombrables. Le duc d'Enghien, fut tué avec la principale noblesse de Picardie. Montmorency, blessé, les ducs de Montpensier et de Longueville, le maréchal Saint-André, Louis de Gonzague, etc., plus de 300 gentilshommes furent pris. Le duc de Nevers, le prince de Condé et quelques autres purent s'échapper et se retirer vers la Fère.

Malgré sa victoire, Philippe II, esprit froid, méthodique et opiniâtre, ne crut pas devoir pousser plus avant sans s'être assuré Saint-Quentin, et l'ennemi, au lieu de marcher sur Paris, continua le siège. Coligny comprenait bien qu'il lui faudrait succomber tôt ou tard, mais du moins en prolongeant la résistance il entravait la marche de l'ennemi. Pendant deux jours les assiégés ignorèrent l'isssue de cette malheureuse bataille. Quand ils l'apprirent ils ne se laissèrent pas abattre, et, le premier moment de stupeur passé, redoublèrent d'énergie.

Depuis le 8, une batterie anglaise placée sur les hauteurs du Petit-Neuville était venue renforcer les batteries espagnoles. Ces canons prenaient en enfilade le chemin de ronde depuis la tour à l'Eau jusqu'à la tour Rouge et balayaient l'escarpe du mur intérieur. Aussi les travailleurs, constamment inquiétés, ne voulaient-ils plus s'y rendre pour faire les réparations urgentes. D'Andelot, ayant trouvé les murs de Remicourt en fort mauvais état, imagina pour protéger ses travailleurs, des batteries anglaises et espagnoles de masquer le rempart et le chemin de ronde au moyen de bateaux plats remplis de terre et superposés: il réussit assez bien. En même temps des contre-mines destinées à découvrir et à neutraliser les galeries de l'ennemi furent creusées par l'ingénieur de Saint-Remy, mais n'eurent pas le résultat qu'on en pouvait attendre. L'ennemi travaillait sans cesse. Les chemins couverts atteignaient déjà les murailles malgré les obstacles de toute nature opposés par les assiégés. De nouvelles batteries, démasquées le 21 août, ébranlèrent le revêtement de la courtine de Remicourt , et détruisirent cent mètres de muraille. Le 22, on comptait plus de cinquante de ces pièces de gros calibre, venues de Cambrai, qui battaient en brèche les murs, et suivant l'expression d'un officier allemand « bombardaient courageusement la ville. » Ce jour là, trois tours et 250 mètres de muraille furent détruits. De la ruelle d'Enfer, les batteries flamandes battaient les courtines du Vieux-Marché et du corps-de-garde Dameuse, tandis que des hauteurs de Saint-Prix les batteries anglaises canonnaient le faubourg de Pontoilles et la tour Sainte-Catherine.

C'était le roi d'Espagne en personne qui dirigeait les assaillants auxquels de nouveaux renforts venaient d'arriver. Malgré son artillerie et les courageux arquebusiers, Coligny sentait que la résistance devenait sans cesse plus impossible. Il essaya toutefois de demander un nouveau renfort, mais c'est à peine si 120 hommes purent arriver jusqu'à lui, les autres ayant été rencontrés par l'ennemi.

La canonnade redoublait d'intensité. Les espagnols, retranchés dans l'abbaye de Saint-Quentin-en-l'Isle restée debout lors de l'incendie du faubourg, l'avaient transformée en forteresse d'où ils tiraient, avec 12 pièces de canon, contre les murs et les remparts de la porte d'Isle. Pas un habitant ne parlait de se rendre. Quant aux soldats, ils élevaient la voix contre Coligny et voulaient une reddition immédiate.

Le 26, vers 2 heures de l'après-midi, le feu de l'ennemi cessa subitement. Les assiégeants firent jouer leurs mines, mais n'en trouvant pas l'effet assez propice pour un assaut se retirèrent. Pendant la nuit, on travailla aux brèches, on chercha à rétablir, à l'aide de gabions et de parapets de terre, les revêtements éboulés sous l'action des mines et des contre-mines ; ces réparations ne pouvaient être bien efficaces : Sur une longueur d'un kilomètre, onze brèches étaient ouvertes, et chacune suffisait pour un assaut ! Ces brèches étaient : dans la tour de la porte Saint-Jean et la tour voisine, dans la tour de la Couture, la tour Rouge, la tour voisine, celle au-dessus de la tour de Remicourt, la tour de Remicourt, la tour Sainte-Pécinne, la tour au-dessus de la tour à l'Eau, la tour à l'Eau et enfin la porte d'Isle. Pour garder ces brèches, il restait dans la ville huit cents hommes de troupes. Les bourgeois, sous les ordres de d'Andelot, prirent la place des soldats et réparèrent les fortifications aux endroits les plus dangereux et les plus exposés.

Le 27 août, tout était disposé par les espagnols pour un assaut général. Vers deux heures, comme la veille, leur artillerie cessa de tirer. Leurs colonnes d'attaques s'avancèrent dans les fossés des remparts. L'alarme se répandit dans la ville et, au son du tocsin, chaque habitant courut aux brèches. Les trois colonnes d'attaque étaient lancées, l'une vers la tour Rouge, la 2e vers la tour à l'Eau, la 3e vers la porte d'Isle. Le premier assaut, contre la tour Rouge, donné par les meilleures troupes espagnoles et 1,500 allemands fut repoussé ainsi que ceux contre la porte d'Isle et la tour à l'Eau. Malheureusement tout fut perdu par la négligence de la compagnie du Dauphin qui gardait la tour Rouge. De ce côté l'ennemi put pénétrer d'autant plus facilement que la troupe prit la fuite. Quand

Coligny arriva il était trop tard. Cerné et assailli de toutes part, il fut fait prisonnier.

Une heure après, malgré l'héroïsme des assiégés, la porte d'Isle fut prise et la ville subit bientôt le même sort. Les habitants furent massacrés sur les brèches ou passés au fil de l'épée. La ville avait tenu dix sept jours, presque sans ressources, contre une armée de près de cent mille hommes. Pendant cinq jours l'ennemi victorieux sema partout la ruine et la mort, et bientôt il ne resta dans la cité qu'un bourgeois et un prêtre. Tout ce qu'il y avait de précieux, le trésor de la Basilique, les fameuses tapisseries du chœur (1), les reliques, les ornements et les vases sacrés, les manuscrits et les titres précieux, les cloches des Eglises et jusqu'aux feuilles de plomb recouvrant la Collégiale, tout devint la proie du vainqueur.

Le grand Hôtel-Dieu, les Hôpitaux de Belle-Porte, de Notre-Dame, de Lambais, de Saint-Antoine, de Pontruel, d'autres encore furent détruits ; les béguinages, abbaye et couvents eurent le même sort ; les Eglises de Saint-Pierre-au-Canal et de la Toussaint furent brûlées ; la Collégiale, fortement endommagée, eut toutes ses vitres brisées.

L'amiral Coligny, le gouverneur de Breuil, l'ingénieur Saint-Remy furent faits prisonniers, le mayeur fut tué. De courageux citoyens se distinguèrent dans ce siège mémorable ; des chanoines

---

(1) Elles furent placées à l'Escurial, ce témoin de l'héroïsme de nos ancêtres et de la peur de Philippe II.

et des religieux, comme Jean Lance et Jean de Flavigny, périrent les armes à la main ; l'histoire nous a aussi conservé le nom d'Hubert Ménecier qui, à lui seul, défendit une brèche : l'ennemi s'inclina devant son courage. Il fallut vingt-cinq jours de lutte, onze brèches aux murailles, l'effort de cinq nations et toute la force du nombre (plus de trente contre un !) pour triompher de cette héroïque poignée de braves. Et quand le dernier fut tombé, que tous hommes et femmes, enfants et vieillards, bourgeois et soldats, moines, prêtres et canonniers-arquebusiers eurent péri sur la brèche, la ville était prise, mais la France sauvée. Un tel sacrifice ne fut pas inutile, le pays eut le temps de se reconnaître, le duc de Guise et ses troupes de repasser les Alpes et l'ennemi, étonné, s'arrêta dans sa marche victorieuse.

Pour perpétuer à jamais le souvenir du courage des Saint-Quentinois le poète Santeuil composa ces vers gravés sur une plaque de marbre à l'Hôtel-de-Ville :

Bellatrix, I, Roma, tuos nunc objice muros :
Plus defensa manu, plus nostro hœc tincta cruore
Mœnia laudis habent. Furis hostis et imminet urbi.
Civis murus erat : Satis est sibi civica virtus.
Urbs memor audacis facti dat marmore in illo
Pro Patriâ cœsos œternum vivere cives.

CHAPITRE XVII

DE 1557 A 1789

Les Espagnols, ayant pris Saint-Quentin, s'y établirent jusqu'au mois de décembre 1559, après la paix du Cateau-Cambrésis.

En 1561, le 18 avril, pendant que l'on reconstruisait les maisons incendiées, on trouva au milieu des décombres une forte somme en or et argent qui fut rendue à ses propriétaires (1). Deux ans après, on remboursa les habitants qui avaient prêté de l'argent pour boucher les brèches de la ville (2).

Sitôt arrivé au pouvoir, après la mort d'Henri II, Charles IX rendit à l'église les biens qu'elle avait possédés jadis; les titres étant détruits, on se contenta du témoignage des anciens fermiers.

La réforme prêchée par Calvin s'accentuait de jour en jour. Edits, persécutions, supplices, rien n'arrêtait les progrès de la religion nouvelle. En 1561, le Chapître de Saint-Quentin s'assemblait pour la réprouver, ce qui n'empêcha pas des huguenots de venir dans la ville et d'y prêcher leurs doctrines. Le comté de Chaulnes, alors gouverneur, s'opposa vigoureusement à leurs menées

(1) Registres de la chambre du Conseil, t. I.
(2) Ibid.

et réprimanda sévèrement le bailli de Vermandois
d'avoir exigé, d'un prédicateur huguenot, le serment de fidélité au roi. Quelques années plus tard
(1567) le calviniste d'Andelot vint, avec les compagnies allemandes, tenir garnison à Saint-Quentin.
Le Chapître s'en émut et porta plainte; mais le
comte de Chaulnes apaisa l'affaire en faisant valoir
le bien de l'Etat.

Peu après (1572) eut lieu le massacre de la
Saint-Barthélemy qui coûta la vie à un grand

savant, un philosophe émérite né en Vermandois,
dans les environs de Saint-Quentin. Ramus, auteur
d'un nombre considérable d'ouvrages sérieux et de
valeur « attaqua les vieilles méthodes d'enseigne-

ment fondées sur une croyance aveugle aux asser-
tions contenues dans les écrits d'Aristote tel que
l'avaient fait les traductions du Moyen-Age. A
vingt-et-un ans, il prit pour sujet de sa thèse de
maître ès-arts cette proposition paradoxale que
les livres attribués à Aristote étaient supposés et
que ce qu'ils contenaient était faux. Tous les pro-
fesseurs de la Faculté des Arts de Paris se réuni-
rent pour l'accabler; mais ils le combattirent vainement pendant tout un jour. Ramus qui, pauvre
comme Amyot, avait commencé comme lui par
servir des étudiants pour pouvoir étudier lui-
même, était un esprit fortement trempé qui se tira
de toute les objections avec tant d'adresse et
de fermeté qu'à la fin de la séance il fut proclamé
maître ès-arts avec applaudissements. Il eut dès
lors des ennemis ardents, et ce combat qu'il avait
provoqué dura sa vie entière. On voulait lui fermer
la bouche; François Ier, au contraire, lui donna
une chaire dans son collége royal de France où
deux mille auditeurs se pressaient à ses enseigne-
ments sur les auteurs anciens et sur la phisolophie.
Le troisième jour de la Saint-Barthélemy, ses
ennemis privés forcèrent sa demeure au collége de
Presles, le percèrent de coups, le jetèrent par la
fenêtre et le traînèrent à la rivière. Ramus était
un huguenot déclaré (1). »

Nous avons peu de renseignements sur les
années qui suivent. Mais en cherchant dans les

(1) Bordier et Charton. Histoire de France.

Registres de la chambre du conseil, nous avons trouvé trace d'un simple usage qui, pour n'avoir pas une importance considérable, n'en mérite pas moins d'être noté parce qu'il nous fait voir comment, à un certain point de vue, on entendait la pénalité au XVIe siècle : nous voulons parler des procès faits aux animaux. Bien qu'à cette époque ils fussent déjà généralement tombés en désuétude, nous voyons que « le 6 décembre 1557, Messieurs ordonnent que le pourceau qui a dévoré vng petit enffant en lhostel de la Courone soit enfoui tout vif en vn fossé. Que deffenses seront publiées à toutes personnes de tenir en ceste ville aulcuns pourceaulx sous peine de confiscation desd. pourceaulx et de IX sols damende pour chacun pourceau et pour chacune fois (1). »

L'année 1579 ne fut pas heureuse. La peste était dans les environs, aussi le Corps de Ville ordonna-t-il, le 29 mai, que « commandement sera faict aux cappitaines des portes et portiers de ne laisser entrer en ceste ville aucunes personnes de Guise, de Cugny, de Crépy-en-Laonnois et aultres lieux où l'on se meurt de la peste, personnellement deffences de laisser sortir de cette ville aulcuns pauvres et à l'Hostel-Dieu recevoir aulcun s'ils ne sont de ceste ville (2). » Malgré ces précautions le fléau faisait des victimes quelques jours après (3) et, en même temps qu'il fallait se prémunir de la maladie contagieuse,

(1) Registres de la chambre du Conseil, t. IV.
(2) Ibid.
(3) Ibid.

on devait faire, en personne, garde et guet « pour la crainte qu'on a des Espagnols (1). »

Cependant les troubles suscités par les huguenots redoublaient de vigueur. La reine avait dû envoyer, en 1577, le duc d'Alençon pour conférer avec les gouverneurs de Cambrai et de Valenciennes : il était passé par Saint-Quentin. L'anarchie était partout dans le royaume. Les villes se soulevaient et demandaient à grands cris leurs vieilles libertés, et la guerre civile régnait dans les provinces avec toutes ses horreurs. Saint-Quentin restait fidèle au roi. En 1586, 1587 et 1588, celui-ci lui témoigna sa reconnaissance par lettres patentes la remerciant de sa fidélité et de sa loyauté.

En 1589, quand Henri d'Orléans, le nouveau gouverneur de Picardie, fit sa première entrée dans la cité, les habitants signèrent un acte par lequel ils juraient de ne prendre aucune part à la Ligue et de conserver obéissance au roi (20 février 1589). L'année suivante Henri IV vint lui-même. Colliette nous dit qu'il descendit « dans une mai-
» son de la Grand-Place, au coin de la rue de la Pote-
» rie, à l'enseigne du Griffon. Là, plusieurs bourgeois
» lui ouvrirent leurs bourses ; il y puisa ce qu'il
» voulut. On dit que de sa reconnaissance royale
» plusieurs familles de cette ville acquirent alors
» leur noblesse. Le magistrat eut l'honneur de lui
» présenter un repas qu'il avait accepté, il le prit
» en l'Hôtel de Ville, et lorsqu'on voulut goûter

(1) **Registres de la chambre du Conseil**, t. IV.

» les vins et les viandes avant que de lui en faire
» prendre, il l'empêcha. « Je suis, dit-il, avec mes
» amis, je n'ai rien à appréhender d'eux. » Il but
» et mangea le premier des vins et des mets de
» la table. Toujours le prince se souvint de ses
» amis et lorsqu'on lui parlait de Saint-Quentin
» on procurait la sensation la plus agréable à son
» cœur. « Malgré mes ennemis, disait ce grand roi
» transporté de joie à la vue des bonnes façons
» de ses chers Saint-Quentinois, je suis assuré
» que je serai toujours le roi de la ville de Saint-
» Quentin. » Par un décret signé de sa main et
» qu'il avait hautement et publiquement lu, étant
» en personne sur la grand-place de la ville, le
» 6 décembre 1594, il déclara qu'il n'entendait pas
» qu'il y eût jamais de citadelle en cette capitale,
» ou plutôt qu'il n'y en voulait d'autre que le
» cœur de ses habitants. » Avant de les quitter,
Henri IV confirma aux bourgeois leurs droits
de justice, priviléges, franchises et immu-
nités.

La guerre des ligueurs contre le roi continuait
toujours. Après s'être emparé de la Marne, le duc
de Parme qui venait au secours du duc de
Mayenne voulut aussi se rendre maître de la
Somme. Il campa près de Saint-Quentin, à Homblières (1592). Là, considérant la ville, il dit à
haute voix : « Est-ce une ville qui doit me retenir
quinze jours ? » Mais d'Humières, avec quelques
troupes et deux couleuvrines que lui avaient prê-
tées les habitants, fit voir au général espagnol qu'il

ne devait pas s'y arrêter si longtemps et le força à reculer en toute hâte.

Henri IV mort, Marie de Médicis fut déclarée régente pendant la minorité de Louis XIII. Il survint alors un mécontentement parmi certains partisans qui voulurent écarter du roi ses villes les plus dévouées. Le duc de Longueville, fils de l'ancien défenseur des Saint-Quentinois « ses amis, » espérant que son nom et le souvenir de son père lui seraient favorables se présenta devant la ville, mais il dut renoncer à son projet en présence de la fermeté qu'il rencontra.

Les premières années du XVIIe siècle furent marquées par des incidents divers et par une peste qui causa de 1635 à 1637 de grands ravages.

En 1637, Saint-Quentin revit encore une fois les Espagnols qui vinrent ravager les environs après s'être emparés du Catelet, de Bohain, de Bray-sur-Somme. La ville avait alors des vivres et des troupes introduites par le comte de Soissons, aussi fut-elle respectée. Les bourgeois, pendant plusieurs années, livrèrent aux ligueurs et à leurs alliés une petite guerre souvent heureuse et où leur courage ne se démentit jamais.

En 1643, l'ennemi s'avance jusqu'à Fonsomme et se prépare, dit M. Bon Fis Fouquet dans son Mémoire au Corps de Ville, à faire marcher un détachement du côté de Marcy. Les bourgeois informés prennent les armes et forment un corps considérable qui se divise en deux troupes. L'une, commandée par le Gouverneur de Saint-Quentin et le sieur Vaubecourt, va au devant de l'ennemi et l'attaque dans sa marche pendant que l'autre, placée sur le chemin d'Hemblières, la soutient et assure son triomphe.

Deux ans après, au mois de juillet, 300 bourgeois, sous les ordres du Gouverneur, marchent contre un parti ennemi qui maraudait dans les environs et lui reprennent les bestiaux des fermes de Saint-Ladre, de Labiette et autres dont il s'était emparé.

600 habitants, conduits par le capitaine quartenier Heuzet, remportent un semblable avantage en juin 1646. Enfin, en 1653, sous le maréchal de Grandpré, ils parviennent à arrêter un corps bien supérieur en nombre (1) et se retirent ensuite, sans pertes importantes.

Saint-Quentin échappe encore aux Espagnols quand en 1650 ils entrèrent en Picardie au nombre de 30,000. La misère fut grande alors, Paris s'en émut et il se forma un comité de secours sous la protection de Madame la présidente de Herce et Madame Travergé sœur du président Méliand. Voici ce qu'écrivaient en janvier 1652 les personnes chargées de visiter les malheureux habitants de notre contrée. En admettant que ces lettres, rendues publiques, continssent par cela même quelque exagération afin d'exciter davantage la pitié, on verra combien alors était douloureuse la

(1) Ils étaient environ 500 contre 6,000.

situation des habitants du Vermandois et combien nécessaire cette douce et sublime intervention de la charité. (1) « L'entrée des Bourguignons le mois dernier dans nos frontières, le passage de nos troupes dans celuy-cy nous ont mis à la dernière extrémité. Ce qui restoit de maisons a esté desmoly jusques aux fondemens ; les arbres ont été coupez ; les hommes battus et estropiez ; les femmes deshonorées, dont quelques unes pour pour éviter ce malheur se sont sauvées dans des eaux et ont eu les jambes gelées qu'il a fallu couper. La famine est telle que nous les voyons mourir mangeant la terre, broutant l'herbe, arrachant l'escorce des arbres, deschirant les méchants haillons dont ils sont couverts pour les avaller. Nous ne nous étonnons plus de les voir emporter les bestes mortes pour leur servir de nourriture, il y a plus d'un an qu'ils y courent. Mais ce que nous n'oserions dire si nous ne l'avions vu, et qui fait horreur, ils se mangent les bras et les mains et meurent dans ce désespoir. Nous avons empêché ce malheur selon les forces de nos aumônes. Douze chevaux partirent de Saint-Quentin il y a quelques jours chargés de pain que nous distribuâmes par les villages. Quand nous n'aurions que ce qui vient à Saint-Quentin, nos fonds seraient facilement épuisez, il y a plus de trois mille pauvres réfugiez ausquels on ne peut refuser un morceau de pain

(1) Le Comité de secours pour Châlons, Saint-Disier, Ste-Menehould, Dol-le-Comte, Saint-Quentin, Laon, Marle, Vervins, Rheims, Rethel et Saint-Souplaix dépensait au minimum sept à huit mille livres par mois.

sans leur oster la vie. Cinq cens malades que nous
préférons aux autres, sans parler de la pauvre noblesse et des honteux de la ville, dont le nombre
augmente chaque jour. (1)

« Notre travail pour le rétablissement des hôpitaux de ces frontières n'a pas mal réussi, grâce à
Dieu, dont nos pauvres reçoivent un grand soula-
gement. Celuy de Laon prend vingt malades de la
campagne dont nous avons le choix et nous donnons
sept sols par jour pour chacun, celuy de la Fère
reçoit ce que nous y envoyons à nos dépens, les
administrateurs y entretiennent des filles pour les
servir ; celuy de Fismes en prend huit et l'on y
donne un peu de pain aux passans, lesquels ne
trouvent plus rien par la ville. Outre l'argent dont
nous avons besoin pour faire subsister ces malades, il faut des linges et des couvertures ; leurs
maladies ne viennent que de faim et de froid.
Nous avons visité les environs de Rosoy, Montcor-
net et Marle, l'on en assiste deux cens dans ce dernier lieu, l'on porte du pain où l'on peut, l'on
donne la vie à plusieurs ; mais la famine est si
grande, que celuy des nostres qui a fait la dernière visite trouva six pauvres qui venaient d'ex-
pirer par la faim et le froid : un habit de treilly de
trente cinq sols et un peu de pain leur peuvent
donner la vie. »

Il est à penser toutefois que la misère ne tarda
pas à disparaître car, à la paix des Pyrénées ac-

(1) Ce passage est extrait de lettres écrites de « Saint-Quentin et
villages adjacens ; » le suivant, de Laon, Marle et Vervins.

cueillie avec une joie immense, la ville fit de grandes dépenses (1660.) (1)

En somme, le règne glorieux de Louis XIV eut des résultats favorables pour la ville de Saint-Quentin.

Le roi vint plusieurs fois visiter notre ville :

1o Le 13 octobre 1654, vers les cinq heures après-midi, avec le cardinal Mazarin, Villeroy, Duplessis Praslin, duc d'Anville, Le Tellier, de Créquy, d'Epinoy, de Souvray, Duplessis Guénégault, etc.;

2o Le 27 juin 1657, avec la reine, le duc d'Anjou, Mazarin, etc.;

3o et 4o En 1670 et 1671, avec Mademoiselle (2);

5o Le 1er juillet 1672, avec le duc d'Orléans;

6o Le 6 juillet 1676, à une heure après-midi par la porte d'Isle, avec les ducs d'Orléans et d'Enghien, Louvois, Pomponne, Châteauneuf, Seignelay, La Feuillade, etc.;

7o Le 2 may 1677, vers 2 heures, par la porte d'Isle, venant de Chauny se rendant au siège de Valenciennes, avec des maréchaux de France et des secrétaires d'Etat ;

8o En mars 1691, par la porte d'Isle, avec les ducs de Chartres, du Maine, comte de Toulouse, d'Elbeuf, de Soubise, duc de Chevreuse, Colbert, Croisy, marquis de Châteauneuf;

9o En mai 1692, avec Monsieur, les ducs de

(1) Voir notre brochure sur la célébration de la paix des Pyrénées à Saint-Quentin.

(2) Voir notre étude sur ces entrées.

Chartres, du Maine, d'Elbeuf, comte de Toulouse, marquis de Châteauneuf, de Croisy, etc., etc., (1).

Le roi faillit revenir une dernière fois dans cette ville, mais alors c'était après les douloureux désastres qui signalèrent et affligèrent les premières années du XVIIe siècle. Lorsqu'en 1712 cent mille Allemands et Hollandais, commandés par le prince Eugène, campaient près du Quesnoy et assiégeaient Landrecies, les courtisans conseillaient à Louis XIV de se retirer sur la Loire, mais, bien qu'abattu par les revers, le vieux roi s'indigna, et congédia Villars avec ces belles paroles : « Je vous remets les forces et le salut de l'Etat ; je connois votre zèle et la valeur de mes troupes ; mais enfin si la valeur leur étoit contraire... je compterois aller à Péronne ou à Saint-Quentin, y ramasser tout ce que j'aurois de troupes, faire un dernier effort avec vous, et périr ensemble ou sauver l'Etat ; car je ne consentirai jamais à laisser approcher l'ennemi de ma capitale. » (Mémoires de Villars). Heureusement l'évènement fut favorable à nos armes. Le monarque toutefois mourut tristement, laissant le trône aux successeurs que l'on sait.

Les habitants de Saint-Quentin professaient le plus souverain mépris pour les villes et les provinces qui, moins scrupuleuses, « se soumettaient alternativement à la loy du plus fort et ne mesuroient la nécessité d'obéir qu'aux avantages qu'elles

(1) Archives de la ville de Saint-Quentin. Vin de présent aux entrées des rois, princes, etc. Registre X.

retiroient de ceux à qui elles vendoient le droit de leur commander. » Rappelant les services rendus, ils ajoutaient avec fierté qu'après la bataille de Saint-Laurent « les habitants deffendirent leur ville sur onze brèches, enfin, ayant perdu plus de quince cents citoyens, aucun de ceux qui échappèrent à la fureur des soldats ne voulut rester dans la ville. Ils préférèrent l'embarras d'être obligés d'errer de ville en ville, toujours sujets à leur Roy, à la tranquillité de rester sur leur propre terrain, soumis à une domination étrangère. »

Pour prix de tant d'abnégation, ils ne voulurent jamais que des priviléges purement honorifiques, car ils étaient « plus sensibles à l'honneur qu'à l'intérêt. »

Le Mayeur gardait les clefs de la Ville avec le commandant de place, et, en l'absence de ce dernier, commandait seul aux bourgeois sous les armes. Mais nos ancêtres était froissés par cette coutume qui obligeait le premier magistrat de la cité à prendre l'épée au départ du représentant du roi pour la quitter à son retour ; leur amour propre était blessé de ce « travestissement ni décent ni convenable »; leur ambition fut donc pleinement satisfaite quand ils reçurent le brevet suivant :

Aujourd'hui 25e octobre 1717, le Roy étant à Paris, ayant égard à la fidélité et à l'attachement particulier que la ville de Saint-Quentin a toujours fait paroistre pour Sa Majesté et les Roys ses prédécesseurs aussy bien qu'aux témoignages auanta-

geux qui luy ont esté rendus de la personne de
Jean-Baptiste Hourlier de Méricourt, conseiller du
Roy, Preuost Royal, et actuellement Mayeur de
ladite ville de Saint-Quentin, et Sa Majesté voulant
donner aux uns et aux autres des marques de la
satisfaction qu'elle a des seruices qu'ils ont rendus
en tous tems, de l'auis de Monsieur le duc d'Orléans
Régent, Elle a permis et permet audit sieur Hourlier de Méricourt, Mayeur de ladite ville de Saint-
Quentin et à ses successeurs en ladite charge de
Mayeur, qui leur donne le commandement dans la
ville en l'absence des Gouverneur et Lieutenant de
Roy, de porter l'Epée, tant en leur présence qu'absence ; Veut Sa Majesté que ledit sieur Hourlier
de Méricourt et ses successeurs, en ladite charge
de Mayeur jouissent de cette liberté pleinement
et paisiblement et qu'à cet effet le présent Breuet
soit enregistré dans les registres de l'Hôtel de
Ville de Saint-Quentin, à ce que nul n'en prétende
cause d'ignorance; n'entend au surplus Sa Majesté
rien changer aux usages et priuiléges de ladite
Ville, et, pour assurance de sa volonté, elle m'a
commandé d'en expédier le présent Breuet qu'elle
a voulu signer de sa main et estre contresigné par
moy, son Conseiller Secrétaire d'Estat et de ses
commandemens et finances.

LOUIS.

PHELIPPEAUX.

Des actes qui furent le résultat de cette autorisation le plus remarquable est l'ordonnance, ren-

due le 26 juin 1722 par les Mayeur et Echevins en
charge, portant que le jour de sa nomination, après
avoir prêté le serment ordinaire et être rentré
dans la Chambre du Conseil, le Mayeur devait
recevoir une épée dont la garde portait d'un côté
les armes de la Ville avec cette devise: *Fidelitatis
prœmium*, et de l'autre : *Mayeur de la Ville*, et la
date de l'année en chiffres.

L'épée, en argent doré, offerte par la cité à son
magistrat le plus considérable, coûtait, le fourreau
compris, cent cinquante livres.

Quelques années plus tard, le 7 juin 1750,
Louis XV ne voulant pas que « ceux qui ont été
à la tête de la Ville pour laquelle ils ont sacrifié
leur temps et leur repos se trouvent confondus
avec le peuple, sans aucune marque de services,
leur permet de porter l'Épée en tous lieux, leur
vie durant, en qualité d'anciens Mayeurs de la ville
de Saint-Quentin. »

Dans l'intervalle, un autre avantage purement
honorifique, avait encore été accordé par le même
roi. Le 25 novembre 1746 « pour faire connoître
et respecter en public le Mayeur en exercice d'une
manière plus particulière et prévenir à son égard
tout sujet de méprise de la part des étrangers...»
il lui fut permis de porter à la boutonnière de son
habit une médaille en or émaillée à deux faces
posées sur une croix patée. D'un côté étaient les
armes de la Ville, de l'autre une épée en sautoir
avec la devise: *Fidelitatis prœmium*. Cette médaille
était également offerte par la Ville et valait dans

son écrin, avec le ruban couleur de feu, la somme de cent quatre-vingts livres.

Deux ans auparavant, le détail du costume des échevins avait été ainsi réglé :

Aujourd'hui dix-sept septembre mil sept cens quarante huit, le Roy étant à Versailles, il luy a été représenté par les Mayeur et Echevins de la ville de Saint-Quentin, que des six Echevins de cette Ville dont trois sont de robbe et les trois autres du commerce, les premiers ont porté jusqu'à présent dans les assemblées et cérémonies publiques de l'hostel de ville leur robbe ordinaire de Palais, les seconds le rabat et le simple manteau court et les Lieutenant de la Ville, Procureur fiscal et Greffier, Secrétaire, aussy la robe de Palais; que cette bigarrure qui renferme une espèce d'indécence seroit entièrement corrigée s'il plaisoit à Sa Majesté de permettre aux uns et aux autres de porter un habillement uniforme qui seroit une robe de Palais en voile avec un devant de même estoffe en forme de soutane auquel seroit attachée une ceinture de ruban couleur de feu, large de quatre poulces ou environ qui se noueroit sur le côté et pendroit jusqu'à un pied ou environ de terre en se terminant pour les six Echevins par une frange d'or en forme de graine d'épinards ; le tout aux frais du domaine de l'hostel de ville pour ledit habillement estre porté autant de temps qu'il durera et n'estre renouvellé que lorsqu'il sera usé; que la raison pour laquelle cette dépense seroit à la charge du domaine de l'hostel de ville est que les Mayeur et Echevins font gratuitement leurs fonctions..., à quoy sa Majesté, ayant égard, elle a permis et permet auxdits Echevins de porter cet habillement uniforme, etc... M'ayant, sa Majesté, commandé d'en expédier le présent brevet qu'elle a pour assurance de sa volonté signé de sa main et fait contresigner par moy conseiller secrétaire d'Etat et de ses commandemens et finances.

Louis.

Le seul grand fait du XVIIIe siècle est l'établissement du canal de Saint-Quentin.

M. Caignart de Marci avait obtenu le privilége d'ouvrir un canal joignant l'Oise à la Somme, entre Chauny et Saint-Quentin; ce projet fut repris en 1732. Dès 1727, l'ingénieur de Vicq avait proposé un second canal faisant communiquer la Somme à l'Escaut, la France et la Belgique. Le travail fut dirigé par Laurent de Lyonne. Plusieurs fois interrompue, l'œuvre fut définitivement reprise en 1802, terminée et inaugurée en 1810.

Pendant que s'agitait la discussion des plans de ce canal et que leur exécution recevait un commencement d'exécution, de grands événements se préparaient et venaient changer la phase des choses : l'ancien régime allait disparaître, devant la Révolution de 1789.

Le 10 mai 1774, Louis XV mourut ; son règne finit au dehors par l'abaissement, au dedans par une agitation sourde, l'embarras, le malaise général : au point de vue social, la situation était pire encore qu'au point devue politique et, de toute part, s'élevait une clameur immense demandant des réformes.

La France, gouvernée par une monarchie absolue qui avait usurpé sur le peuple un pouvoir que le Parlement tentait d'usurper sur elle, voulait une constitution remplaçant le droit divin par la souveraineté nationale.

Il n'y avait pas un peuple, mais trois castes différentes: le Clergé, la Noblesse et le Tiers-Etat, distingués entre eux par des priviléges ou des charges ; encore les deux premiers étaient-ils divisés en grands et en petits, les uns très-riches, les autres très-pauvres. Au-dessous du Tiers étaient les serfs, les juifs et les protestants qui n'avaient pas même d'état civil.

Dans l'ordre judiciaire, on ne comptait pas moins de 384 coutumes différentes, ce qui faisait dire à Voltaire qu'en voyageant on changeait de lois en même temps que de relais. La procédure secrète, l'inégalité devant la justice, la torture, les supplices les plus cruels n'étaient pas abolis. Nulle garantie pour la liberté des personnes et celle des biens, nulle garantie non plus contre les erreurs du magistrat. En 1718, le Parlement de Bordeaux condamna un homme à mort comme

sorcier ; les noms de Montbailly, de Calas et de
bien d'autres malheureux sont tristement célèbres.

L'essor de l'industrie était arrêté par les corporations, les jurandes et les maîtrises qui limitaient
le nombre des patrons et détruisaient la concurrence. Pour être maître, il fallait payer trois, quatre,
cinq mille livres, faire un chef-d'œuvre, des cadeaux
de toute sorte, etc., et l'on ne pouvait perfectionner
son industrie sous peine de voir la police détruire
le travail accompli.

Le commerce était gêné par la diversité des poids
et des mesures qui variaient dans chaque ville. Les
péages, les douanes intérieures isolaient les provinces et rendaient les relations aussi difficiles
entre elles qu'avec l'étranger.

L'agriculture était dans un état misérable : un
cinquième des terres environ, immobilisé aux
mains du clergé ne produisait guère, car il ne sentait pas l'action de l'intérêt personnel; presque tout
le reste, cultivé par des métayers, ne donnait pas de
meilleurs résultats. Quand le fameux agronome Anglais, Arthur Young, vint en France, il put écrire :
« Toutes les fois que vous rencontrez les terres d'un
grand seigneur, même quand il possède des millions,
vous êtes sûr de les trouver en friche. Le prince de
Soubise et le duc de Bouillon sont les deux plus
grands propriétaires de ce pays et les seules
marques que j'ai vues de leur grandeur sont des
jachères, des landes et des déserts. »

L'intolérance ne s'arrêtait pas devant la mort.
On sait les funérailles de Molière, d'Adrienne

Lecouvreur; Barbier raconte un épisode semblable, survenu à Douai, en 1750, et ce ne sont pas là des faits isolés. S'il était difficile de penser, à plus forte raison n'était-il pas permis d'écrire: il y avait jusqu'à trois censures, celle du Roi, celle du Parlement et celle de la Sorbonne. L'*Esprit des Lois* dut être imprimé, sans nom d'auteur, à l'étranger (1), le *Siècle de Louis XIV*, la *Henriade*, etc... eurent le même sort.

Enfin, l'immoralité était extrême : elle n'avait d'égale que la misère du peuple.

Mais bientôt les philosophes et les économistes parurent, ayant à leur tête Montesquieu, Voltaire, J.-J. Rousseau, Condorcet, Beccaria, Filanggieri, Vauban, Turgot, Adam Smith et tant d'autres aussi illustres. Il se fit alors un grand mouvement dans les esprits et l'on peut dire qu'au commencement de l'année 1789, les Français, à l'exception de quelques rares privilégiés, étaient unanimes pour réclamer des réformes; mais quelles seraient-elles? Chacun les entendait un peu selon sa position, ses besoins, et cependant, tous étaient d'accord sur plus d'un point. La Nation fut enfin consultée: elle nous a légué ses immortels *Cahiers de Doléances* qui, suivant l'expression de Tocqueville, resteront comme le testament de l'ancienne société française, l'expression suprême de ses désirs, la manifestation authentique de ses volontés dernières. Ils furent rédigés en pleine liberté, longuement discutés par

---

(1) Voir le *Vermandois*, 3ᵉ année, pages 64 et suivantes.

les intéressés et mûrement réfléchis : c'est là une des raisons de leur importance. Partout, sauf en Bretagne et en Provence, la délibération se fit avec une dignité calme et paisible. A Saint-Quentin, comme à Laon, à Soissons, à Château-Thierry, le Clergé et la Noblesse montrèrent leur intelligence par de sincères sentiments de cordiale fraternité ; aussi adhérèrent-ils sans difficulté à la mesure prise par le roi le 2 mars 1789.

Les tendances libérales se manifestent dans les cahiers du Clergé; à peine y voit-on ça et là quelques restrictions. Il voulait la réunion des Etats-Généraux à des dates déterminées, chaque assemblée fixant l'époque de la suivante et la création d'une commission de permanence entre sessions. Les Etats opéreront les réformes de concert avec le roi, mais ils auront seuls le droit de consentir les lois, les impôts, les emprunts ; de recevoir les comptes des ministres, d'examiner et de vérifier la dette publique.

Le même Ordre émet le vœu que « la Noblesse ne puisse être achetée à prix d'argent ni devenir héréditaire par l'exercice d'une charge acquise par finance, que les sujets du Tiers-Etat d'un mérite reconnu soient admis à toutes les charges et emplois. »

En ce qui le touche, il demande que les prêtres reçoivent un traitement fixe et ne perçoivent aucun honoraire pour les baptêmes, les mariages et les enterrements ; que tout bénéficier de deux mille livres soit tenu à résider six mois au lieu de son bénéfice, sous peine de perdre le tiers du revenu, applicable aux pauvres de la localité.

Descendant jusqu'aux misères de la vie privée et dans les douleurs des pauvres, il propose la suppression de la mendicité, fléau destructeur des campagnes, par la création, dans chaque commune, d'un *bureau de charité* chargé de nourrir les indigents ; l'établissement, dans chaque bailliage, d'une école gratuite de chirurgie et d'accouchement « où feront un apprentissage suffisant les chirurgiens et les sages-femmes » qui ne pourront exercer, même dans les villages, sans un certificat de capacité délivré après examen.

Il veut un code unique, l'adoucissement des lois pénales, la suppression des lettres de cachet, des charges inutiles et des épices des magistrats, un défenseur accordé, même d'office, à tout accusé pour crime, la simplification et le tarif des procédures, l'établissement dans chaque tribunal d'un conseil pour les pauvres, la répression des agioteurs et des prêteurs à la petite semaine qui seront proscrits comme nuisibles à l'Etat et à la tranquillité des familles, déclarés infâmes et punis comme tels.

Il lui faut la responsabilité ministérielle ; l'abolition de la main-morte et de la servitude personnelle, des fermes générales et de leur régime vexatoire, des péages et des douanes intérieures. Un impôt sera établi qui frappera également et indistinctement sur toute propriété, les contrats de rente et les fonds de commerce.

11

Enfin, comme vœu particulier, il désire la cana-
lisation de la Somme et le dessèchement de ses
marais.

Telle est la situation politique et morale de
notre Clergé à la veille de la Révolution : il sent, il
demande ce qui est bon et juste, blâme ce qui est
mauvais.

La Noblesse est animée des mêmes sentiments,
elle adresse les mêmes remontrances, et aux mesures proposées elle en ajoute d'autres, plus libérales encore. « Pour faire contribuer, » dit-elle,
« les capitalistes et les habitants des villes, pour
modérer la consommation du bois et rendre à la
culture des bras utiles, il sera mis un impôt sur les
chevaux, les cheminées, les fenêtres et une imposition graduée sur tous les domestiques et gens de
maison. » Les intérêts usuraires de la dette publique seront réduits, les loteries, « la réunion de
plusieurs grâces sur un même titre » supprimées.

Le Clergé paiera ses dettes, sans les faire sup-
porter à la Nation. Des hospices seront fondés dans
les campagnes. L'Ordre noble voudrait voir établir
des haras, donner des primes aux cultivateurs qui
feraient les plus beaux et les plus nombreux élèves,
rendre libre le marché, uniforme la justice consu-
laire et créer une Chambre de commerce dans
toute ville de dix mille habitants.

Il réclame en outre (et nous pourrions multi-
plier les citations de ce genre) l'abolition des corporations, maîtrises et jurandes, et la liberté de la
presse.

On le voit, c'était animés de sentiments honorables, d'idées utiles et larges, que les Ordres privilégiés allaient partir pour les Etats-Généraux. Hommes de progrès, pour la grande majorité tout au moins, ils voulaient effacer ce qu'il y avait d'inique et de honteux dans le tableau que nous avons faiblement esquissé plus haut.

Le Tiers-Etat, est-il besoin de le dire ? allait plus loin. Ses demandes, outre celles énoncées précédemment, peuvent se résumer en quelques mots.

Les cures seront mises au concours, la chasse interdite aux ecclésiastiques.

La solde du soldat sera augmentée, le Tiers admis aux grades d'officiers, les punitions ignominieuses abolies. La vénalité des charges sera supprimée, l'instruction criminelle rendue publique, l'égalité de tous devant la loi proclamée.

Il lui faut l'interdiction de vendre des médicaments à tout autres que les apothicaires, l'abolition des Monts-de-Piété, l'escompte du billet de commerce permis à six pour cent et la stipulation de l'intérêt de l'argent, simple prêt, à cinq pour cent, sans retenue.

Le clergé avait demandé qu'un impôt indirect tombât sur les riches en frappant les objets de luxe, que l'industrie des négociants fût taxée à raison de leurs profits probables comme ceux des cultivateurs à proportion de leurs profits apparents.

Le Tiers demanda le remplacement des gabelles et autres droits :

1º Par un impôt unique et uniforme payable sur les immeubles, en argent, pour les trois ordres;

2º Un impôt personnel dont les journaliers seraient seul exempts;

3º Un impôt sur les objets de luxe « nuisible tels que carosses, cabriolets et chaises de toute sorte, ainsi que valets, chevaux et chiens non servant à l'exercice d'aucune profession ; »

4º Un timbre ne devant durer que jusqu'à l'acquit des dettes de l'Etat.

Comme vœux particuliers, il désirait le rétablissement du droit, depuis peu supprimé, « de marque de toilles de cette fabrique au profit de la ville, » et la conservation du chapitre royal de Saint-Quentin.

Dès lors la Révolution est près d'éclater, et les événements qui en ont été le résultat ne sont pas encore assez loin de nous pour que nous puissions les examiner ici.

CHAPITRE XVIII

SAINT-QUENTIN DEPUIS 1550 JUSQU'A LA FIN DU XVIIIe SIÈCLE

Église de Saint-Quentin

Quelque temps après le siége, un chanoine, nommé Jean Fournier, avait fait restaurer la grande couronne et construire la chapelle Notre-Dame-de-Lorette. Des cantuaires, des saluts et autres institutions religieuses furent fondés en l'église vers cette époque.

Le 14 octobre 1669, un incendie détruisit les deux clochers et les orgues. Ce fut une perte de 400,000 livres. Louis XIV contribua pour sa part à la restauration, mais on ne put obtenir tous les fonds nécessaires et la flèche ne put être reconstruite. L'an VII (1799) l'église faillit être dévastée et détruite par la *bande noire*, mais elle échappa heureusement à ses fureurs.

L'Église Saint-Jacques.

Au milieu de la tourmente révolutionnaire, les monuments religieux disparurent, les uns furent complétement rasés, les autres furent employés à des usages profanes.

L'église Saint-Jacques, à Saint-Quentin, est la

seule, avec la Collégiale, qui ait survécu au nau
frage.

> ...Sed quantum mutata !

On en a fait une halle aux grains...

Elle est de fondation ancienne; nous ignorons
l'année où elle fut bâtie, mais nous savons qu'elle
existait déjà au XIIIe siècle « Robert de Curtone,
cardinal de Saint-Étienne, étant venu en 1213
visiter l'église de Saint-Quentin , en qualité de
légat apostolique, trouva que cette église, paroisse
unique de la ville jusqu'alors, ne suffisait pas pour
la dispensation des sacrements. »

Il ordonna en conséquence que la ville fût partagée en neuf paroisses : cette décision du légat fut
mise à exécution en 1214 par les commissaires
nommés par lui, et les neuf églises, de simples chapelles qu'elles étaient, devinrent églises paroissiales.

L'une d'elles était placée sous l'invocation de
saint-Jacques ; cette chapelle avait été construite
aux frais d'un Saint-Quentinois nommé Gérard, elle
était élevée sur le marché, du côté Est de la place.

Le chevet de l'église touchait la prolongation de
l'alignement de la rue de la Sellerie. Son portail
regardait la rue des Faucilles ; le clocher et son
beffroi étaient placés sur le milieu de l'église
comme à sainte Pécinne. Les chevrons du toit
portaient 23 pieds de longueur. Dans l'église on
remarquait un jubé faisant la séparation de la nef
et du chœur. (1).

---

(1) E. de Chauvenet, *Notice sur l'Église Saint-Jacques.*

L'église contenait, outre l'autel principal dédié au saint patron, trois autels secondaires de saint Crépin, saint Antoine et de la Vierge. Cornillot Regnard avait embelli la chapelle de la Mère de Dieu en y représentant un arbre de Jessé qui lui fut payé 28 sols; Mathieu Bléville, le célèbre peintre verrier, avait été chargé de la décoration de la chapelle Saint-Antoine, et il toucha 22 sols.

L'organiste, qui jouait aux jours des grandes fêtes, recevait 2 sols chaque fois qu'il se faisait entendre.

Détruite au siége de 1557, l'église allait être reconstruite un peu plus loin. En 1560, commence la démolition de ses ruines et les matériaux servirent à élever le nouvel édifice. Le travail dura plusieurs années. C'est en 1582 que l'église fut entreprise. Quatre ans après Quentin Barré et Françoise Forestier sa femme hâtèrent l'œuvre de « beaucoup de leurs deniers » et cependant un rapport de 1627 dit qu'à cette époque elle n'était pas encore « en sa perfection. »

En 1585, une croix de fer fut posée sur le lieu où s'élevait jadis l'ancienne Eglise. Cette croix fut vendue à la Révolution. Déposée par les soins de M. Duboy Muller dans les magasins de l'Eglise, elle a été placée en 1841 sur le clocher de la Collégiale : elle y est encore maintenant.

Dans la précieuse collection de M. F. le Serurier, il existe un dessin qui a pour titre « plan de l'Eglise paroissialle de Saint-Jacques pour servir à la reconstruction de la partie marquée de jeaune

telle qu'elle estoit avant sa chutte. » En présence
de ce document il y a lieu de se demander quelle
année a vu s'écrouler la moitié de l'Eglise Saint-
Jacques. Evidemment l'événement ne s'est pas accompli avant 1627, car il n'est parlé jusque là que
de reconstruction totale, non partielle ; c'est donc
depuis que l'écroulement et la réédification ont eu
lieu ; malheureusement aucun document officiel
ne vient nous instruire d'une façon irréfragable.
Les deux moitiés de l'Eglise sont sensiblement différentes entre elles et cette différence est très vi-
sible sur le monument. Il suffit de regarder les
voûtes pour s'apercevoir aussitôt qu'elles sont dis-
semblables, la partie la plus récente étant la plus
ornée.

En 1685, les paroissiens peu satisfaits du tableau
du maître-autel résolurent d'en acheter un autre.
On commanda à Boulogne un Christ en croix que
l'on peut voir dans la Collégiale et la toile fut payée
à l'artiste picard un peu moins cher que le cadre.

L'édifice, fort simple, était peu curieux au point
de vue de l'art. Il est d'ailleurs aussi bien conservé
que le permettent les travaux nécessités pour son
appropriation à son nouvel état. La tour sert actuellement de beffroi, car Saint-Quentin a conservé
ce vieux vestige de ses franchises communales.

Béguinage de Gibercourt.

Catherine Lallier, veuve de Louis Varlet,
Mayeur tué au siège de 1557, fonda le 7 août 1570

le béguinage de Gibercourt. Elle donna une maison près du Petit-Origny, paroisse Sainte-Marguerite, et deux autres maisons, avec jardins et dépendances au village d'Holnon. Trois béguines, filles ou veuves, âgées au moins de trente ans, y seraient logées et nourries. C'est dans le bâtiment extérieur des béguines de Gibercourt que furent installées celles d'Etreillers.

Abbaye d'Isle.

Après la ruine de leur Eglise, les religieux de l'abbaye d'Isle s'étaient retirés à Vendôme, à Pontoise, à Saint-Thierry-sous-Reims. L'un d'eux, Raoul-le-Blond, resta à Berthenicourt pendant l'occupation Espagnole et s'occupa de tout son pouvoir à la réédification de son monastère. Les religieux d'Isle firent bâtir une église en 1567 et les travaux furent achevés en 1582.

Vers 1718, l'abbaye d'Isle fut reconstruite sur un nouveau plan, son entrée principale donnant rue de la Gréance. Elle fut mise en vente le 4 prairial an IX, avec toutes ses dépendances, celliers, cours, jardins. Ce qui restait de l'abbaye en l'Ile avait été détruit en 1671 pour l'établissement des *Cornes de Vauban.*

Séminaire.

François Guevot, d'abord avocat, puis prêtre et chanoine, ayant résolu de fonder un établissement où les jeunes clercs reçussent une éducation en rapport avec les devoirs de leur état leur assigna à perpétuité, en 1585, une maison située rue Sainte-Pécinne ; mais après lui cet établissement tomba.

Hôpital de Bornival.

Cet hôpital fut fondé 1587 par Quentin Barré, ancien Mayeur, qui donna sa maison appelée « le Bornival » pour y recevoir les orphelins des deux sexes auxquels on ferait apprendre un métier. Grâce aux dons venus de toutes parts, l'établissement prit une rapide extension et devint bientôt riche.

Greniers des pauvres.

Colliette parle d'une maison située « au Vieux Marché tenant à Bernard de la Barre » et appelée « le Grenier des pauvres, » qui existait en 1587 ; mais il ne croit pas qu'elle servait à la retraite des pauvres et pense seulement que c'était un grenier où ils déposaient en commun leurs provisions.

Couvent des Capucins.

C'est de 1610 que date l'établissement des capucins à Saint-Quentin. On ne voulut leur donner d'abord qu'un logement fort restreint ; mais un autre emplacement beaucoup plus vaste leur fut accordé trois ans après, paroisse Sainte-Marguerite.

Bureau de charité.

On avait décidé en 1613 d'établir, au moyen de quêtes, un bureau de charité pour les malades honteux et l'instruction gratuite des jeunes filles. En 1657, on acquit une maison dépendante de l'hôpital de Fonsommes. Plus tard (1685) on fit venir de Paris deux sœurs de charité de Saint-Vincent. Une autre maison, attenante à la Halle aux poids, fut achetée, puis on y adjoignit la maison du *Petit Castelet* (1698).

Une école gratuite, pour les jeunes garçons, fut fondée en 1704.

Les vieux hommes.

Jacques Lescot, avocat, seigneur d'Etreillers et bourgeois de Saint-Quentin, léguait par testament, en 1744, une somme de 20,000 livres pour la fondation d'un établissement destiné à l'entretien des pauvres hommes hors d'état de travailler à gagner leur vie et qui seront âgés au moins de cinquante ans. Cette maison, achetée en 1749, était située près des remparts. Le nombre des pauvres, était fixé d'après les revenus des fonds et on n'admettait jamais que ceux de la ville et des faubourgs.

Les sœurs de la Croix.

Les sœurs de la Croix, qui avaient déjà des communautés en d'autres villes, s'établirent à

Saint-Quentin en 1672. La communauté fut fondée à leurs frais, paroisse Notre-Dame où elles tenaient leurs classes. Deux ans plus tard, le nombre de leurs élèves s'accroissant, elles achetèrent rue de la Gréance l'auberge du « cheval Bayard. » Il en résulta un conflit avec la municipalité. Enfin les sœurs obtinrent en 1682 l'autorisation d'acquérir les biens qu'elles voudraient au nom de la communauté. Cet établissement a subi depuis bien des vicissitudes , mais n'a cessé de prospérer.

Ecoles primaires.

L'instruction primaire était donnée à Saint-Quentin sur une large base, quoi qu'en aient pu prétendre certains écrivains peu ou mal renseignés. Les trente-neuf gros « registres de la chambre du Conseil » que nous avons parcourus nous ont montré que depuis 1557 jusqu'à 1789, — encore doivent-ils contenir des omissions — il y avait eu en notre ville, non pas quatre écoles comme on l'a insinué, mais, (outre la Croix) trente-neuf établissements scolaires. Qu'on nous permette donc quelques citations :

Le 23 mai 1694, le Corps de Ville autorise Noel le Doux à tenir école.

Le 6 mai 1622, autorisation est accordée à Rassin Franssart, venant de Guise, à « tenir escolle et enseigner la petite jeunesse au service de Dieu, à lire et à escrire. »

Le 28 mars 1644, « deffences sont festes à Henry

Legrand et Judic Le Comte sa femme de tenir escolle en peine de cinquante liures d'amende et de banissement de cette ville. » Si on leur fit cette défense, c'est donc qu'ils tenaient une école.

Le 29 juillet 1679, « Martin Lelong, chantre de la paroisse Saint-Thomas a été reçu à la Chambre Me d'école pour enseigner la jeunesse et a prêté serment au cas requis. »

Les 24 septembre et 22 octobre 1683, semblable autorisation est donnée à Claude Douchet, de Ham, et André La Coche, musicien.

Le 23 août 1686, « sur la requête présentée à la Chambre par Claude Gadiffer de Parviller, prêtre du Roy et habitué en l'Eglise Saint-Jacques de cette ville, Messieurs luy ont permis d'enseigner à lire et à écrire et l'arithmétique et à cette fin de tenir école publique. »

Le 18 avril 1687, François de Vales Mauroy obtient une permission du même genre; et le 30 du même mois, « sur la requeste présentée à la Chambre par Pierre Coquinot, natif de cette ville, âgé de seize ans et fils de Pierre Coquinot porte-faix de cette ville et vu un tableau en la Chambre de toutes sortes d'écritures de la main dudit Coquinot fils, Messieurs luy ont permis de tenir école publique à l'effet d'enseigner la jeunesse à lire et écrire, et les autres choses quy se montrent dans les petites écoles. »

Le 15 juillet 1689, « Louis Vevrin, garçon natif de cette ville, » ayant fait voir « les exemplaires de son escriture » peut « enseigner à lire, écrire, l'arithmétique, le plein chant et autres arts. »

Le 29 décembre 1691, « Messieurs, vu la requête à eux présentée par Anne et Colombe Boublez, filles demeurant en cette ville, ensemble l'ordonnance de M. Bouzier d'Estouilly escolâtre de l'Eglise royalle et Collégialle de cette ville du huit juin 1686, et estant bien informez des bonnes vies et mœurs desdites Boublez de la religion catholique, apostolique et romaine, et de leur capacité, ont, du consentement du procureur du Roy et de laditte ville, permis auxdittes Boublez de tenir escolle et d'enseigner aux enfants les principes de la foy et religion catholique, et à lire et escrire, et jouiront lesdites Boublez des exemptions et priviléges ainsi que font les autres maîtres et maîtresses d'escolle de lad. ville et à l'instant lesd. Boublez, pour ce mandées, ont fait le serment au cas requis. »

Le 30 mai 1692, Jacques Charpentier est autorisé à tenir école du jour où il quittera Saint-Quentin, mais le même acte, et c'est pour cela que je le cite, nous apprend que Jacques Charpentier est « fils de Nicolas Charpentier, maître écrivain en cette ville. »

Le 10 février 1696, l'autorisation de tenir école est accordée à Marguerite Flamen, fille âgée de 30 ans, native de cette ville; ainsi que le 2 aoust 1697 à Marye Lepreux et Jeanne Warnier.

Le 25 octobre 1697, il est permis à Nicolas Tombe, « clerc laïc de la paroisse Saint-Nicaise au faubour Saint-Martin de cette ville... de tenir escolle en cette ville, instruire la jeunesse dans la foy et religion catholique, apostolique et romaine, même d'apprendre à lire et escrire, ensemble l'arithmétique. »

Le 30 décembre 1718, Mathieu Alleaume obtient, par ordonnance du Corps de Ville, un privilége pareil, ainsi que, le 3 décembre 1723, Margueritte Meurice, femme de Pierre Coquinot maître écrivain à Saint-Quentin.

Le 20 novembre 1739, Louis Thiesset se voit accorder le même avantage.

Le 17 juin 1740, Barthelemy Dufresne a été autorisé à tenir école à la condition de « bien et fidélement se comporter dans l'instruction de la jeunesse, d'enseigner le cathécisme du diocése, non autre, et de ne point souffrir aux enfans qu'il instruira la lecture des livres deffendus, et de porter honneur et respect à Messieurs les Magistrats. »

Aux dates des 17 novembre 1741, 10 juillet et 28 octobre 1744, les Mayeur et Echevins accordent la même permission à Sulpice Fournier, Jacques Hernieux et François Delorme.

Le 4 aoust 1747 « Monsieur le Mayeur a fait rapport à la Chambre que les différentes visites par luy faites chez le sieur Denis Laby depuis qu'il a été receu maître de pension luy font voir que le public ne s'est pas trompé dans les espérances qu'il auoit conçues de son exactitude, puisque les enfans que l'on confie à ses soins paroissent formés du costé de la politesse, instruits dans les

études et élevés dans les bonnes mœurs, qu'il a eu
soin de s'assurer des ces différens progrés et qu'il
a remarqué avec plaisir que tous ceux qui y sont
tenus soit à pension, soit à demy-pension y profi-
tent également dans les sciences et dans la religion chrétienne ; pourquoy il a recommandé au
maître d'avoir une attention singulière à continuer
ses soins.

Signé : Dorigny, Mayeur.

Citons pour terminer :

15 Septembre 1747. Louis-Joseph Blondel.

16 Mai 1749. Geneviève Souripicard, fille ma-
jeure âgée de 45 ans.

1750. Morelle.

1754. Pierre Regnaut et Paul Ansiaux, bourgeois
de Saint-Quentin.

11 Novembre 1757. Marie-Louise Coquinot.

5 Mai 1758. Jean-Louis Parmentier.

20 Janvier 1764. André Féra.

18 Avril 1764. Charles Oudin.

31 Août 1764. François Savreux.

8 Mars 1771. Pierre Vincamps, de Demnin
(d'Ennemain ?) Election de Montdidier.

12 Juin 1771. Jean-Pierre Proix.

19 Février 1777. Michel-Bonaventure Vaudin.

21 Juillet 1781. Henry Plessier.

22 Décembre 1782. Marie-Anne-Thérèse-Joséphe
Renard.

Ainsi donc voilà, outre de celles mentionnées auparavant, trente-neuf écoles dans l'espace de cent quatre-vingt-huit ans.

Fortifications.

En 1559, les retranchements vis-à-vis la Tour à l'Eau ayant été reconnus faibles furent garnis d'un boulevard et d'un bastion. En 1590 fut construit le bastion de Longueville, et en 1596 la lunette

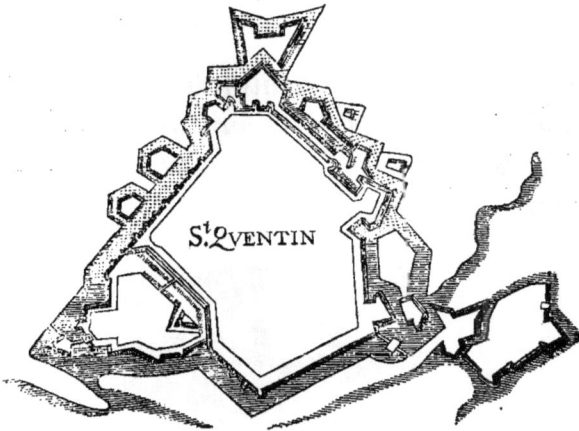

Sainte-Catherine. Louis XIII fit fortifier Saint-Quentin suivant les règles du temps. Puis furent construits successivement, en 1612 les cornes de Vauban, en 1683 le bastion Saint-Jean, en 1634 les bastions de Richelieu et de Colombier, en 1635 le bastion Saint-Louis, en 1637 la demi-lune Saint-Jean, en 1639 la demi-lune de la porte d'Isle, etc.

Ces travaux avaient nécessité la démolition des

maisons du quartier Saint-Nicaise dont, en 1640, il ne restait plus guère que l'Eglise.

De 1642 à 1690 furent construites les cornes Saint-Martin, les lunettes de Tourival et du Pré-Saint-Thomas. Un décret de Napoléon Ier, en date du 28 avril 1810, ordonna le déclassement de la place. La démolition des remparts commença par le bastion de Vauban (faubourg d'Isle) et ne fut terminée que vers 1827.

Les Canonniers Arquebusiers et les Archers.

Il y avait à Saint-Quentin deux compagnies privilégiées : celle des *Canonniers Arquebusiers* et celle des *Archers*. L'établissement de leur ordre remontait à Louis XI.

Ces compagnies, dont les Gouverneurs avaient le titre honorifique de colonel, étaient sous les ordres du Corps de Ville. Elles avaient le pas l'une sur l'autre, tour à tour, d'année en année.

Les Archers avaient l'habit et les bas rouges, bordés d'or, chapeau de même.

Les Canonniers Arquebusiers portaient un uniforme gris de fer à parements de velours noir surmontés d'un galon d'argent, vestes et culottes écarlates, chapeau bordé d'argent.

De cette ancienne compagnie, il reste encore la porte de l'hôtel, entièrement sculptée, qui a résisté aux injures du temps ; on remarque surtout deux trophées dont les cuirasses, casques, drapeaux, canons, boulets, etc., font le principal ornement. (1).

Les chevaliers étaient généralement exempts de guet et de garde ; ils devaient courir aux alarmes et au feu, et veiller au maintien de l'ordre public les jours de troubles.

Commerce.

La prise de Saint-Quentin en 1557 avait porté un coup funeste au commerce local. Les fabriques de layetterie notamment furent désorganisées. « On fit bien encore, dit M. Ch. Picard, quelques pièces de camelot, de droguet, de draps légers, mais en très petite quantité. Plus tard, on essaya d'y créer un grand établissement de layetterie, comme à Amiens, mais on ne réussit pas.

Les Flandres étaient alors la contrée de l'Europe où l'on fabriquait le mieux les toiles fines et les belles étoffes en laine. La révolution religieuse qui

(1) Voir notre *Histoire de la compagnie des Canonniers Arquebusiers de la ville de Saint-Quentin*, (ouvrage couronné par la Société des Antiquaires de Picardie.)

y survint, sous le règne de Philippe II, en fit sortir
ces deux industries. Elles se réfugièrent en France
et en Angleterre, avec les deux cents mille flamands
à qui la peur des bûchers de l'inquisition fit abandonner leur patrie. Beaucoup de ceux-ci vinrent à
Cambrai, à Valenciennes, à Saint-Quentin et ailleurs, et c'est à des familles originaires de la
Belgique que ces contrées durent en partie l'avantage de posséder des fabriques de toiles fines, lesquelles s'appelèrent les unes des batistes et les
autres des linons. »

Un membre de la famille Cromelin (ou Crome-
lick) s'établit à Saint-Quentin vers 1570 et l'industrie qu'il importait contribua singulièrement à la
fortune de la ville qui le recevait.

En 1698, on y vendait 60,000 pièces de tissus en fil;

En 1740, 71,000 ;

En 1750, 98,658 ;

Et en 1713, 107,705 (1).

« Au XVIIIe siècle, (2) on tenta d'établir une
torderie de fil de Maline, et celui qui voulait créer
cet établissement, pour obtenir le titre de *manu-
facture roïale* et un prêt d'argent, consentait à
s'associer 4 ou 12 ouvriers, mais ce projet ne se
réalisa pas. Les linons et batistes se faisaient en
plusieurs largeurs et en plusieurs qualités ; on en
varia les genres comme les prix et les emplois.
Vers 1750, trois fabricants habiles (3) y montèrent

(1) Charles Picard, op. cit.
(2) Ibid.
(3) MM. Devillers, Maroteau et Corbeau.

des métiers de mousselines claires en coton, les-quelles fonctionnèrent avec un succès tel, qu'en 1760, les marchandises qu'ils produisirent rivali-sèrent avec celles des Indes. On en fit plus de 60,000 pièces de différentes espèces, et sans une opposition étrange de la part de ses plus impor-tants négociants de linons et batistes, Saint-Quentin aurait eu, cinquante ans plus tôt, l'honneur d'être le berceau en France de la production des tissus en cotons blancs et légers.

En 1765, on y créa la gaze en fil et, avec ce tissu clair et transparent, on fit une grande diver-sité d'articles de fantaisie qui furent immédiatement recherchés de toute la France et de l'étranger. Sur ces gazes en fil et sur les linons on tissa des des-sins brochés détachés, brochés à ramages, soit en blanc ou en couleur, et l'on fit tout ce que l'ima-gination pouvait inventer de plus délicieux pour satisfaire les besoins de la mode. »

En 1766, M. de Caulaincourt, s'associant avec

son bailli M. Fourquin de Bayonval et un habile contre-maître M. Allut, créa, dans sa terre, une fabrique de mousseline qui était parvenue en 1770 à imiter parfaitement les produits de la Suisse et à soutenir la concurrence avec ce pays ; malheureusement différentes circonstances en amenèrent la fermeture vers 1779.

. En 1781, les toiles de Saint-Quentin durent porter une marque indiquant leur provenance.

L'année la plus prospère du XVIIIe siècle fut l'année 1784. D'après M. Picard, on fabriqua

180,000 pièces de tissus en fil, lesquelles évaluées à 80 francs produisaient un chiffre de vente dépassant 13,600,000 francs ; en ajoutant à cette

somme les 8,000,000 environ provenant des achats
faits à Cambrai, Valenciennes, Bapaume, Chauny
ou en Thiérache on arrive à 22 millions !
Il y avait aussi, depuis le Moyen - Age, des
fabriques de carreaux les uns triangulaires, les
autres carrés, unis ou à dessins fantastiques ;
M. Ed. Fleury, à qui nous empruntons ces 2 bois,

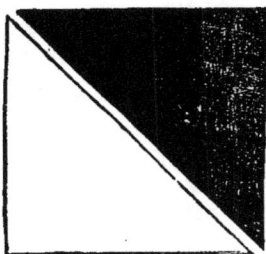

a consacré une étude spéciale à cette branche
d'industrie. M. J. Lecocq prépare, de son côté, une
étude sur la fabrique de Mesnil-Saint-Laurent et
autres localités voisines où l'on faisait des terres
vernissées.

Enfin jusqu'en 1789, le commerce fut florissant
et l'on sait ce qu'il est aujourd'hui.

Théâtre.

Le XVIIIe siècle ne fut pas signalé à Saint-
Quentin par d'importants travaux de construction.
Nous ne pouvons guères signaler que le grand
puits de la place (1719) le chemin de Paris, avec
pavage (1735) et la salle de théâtre (1774) reconstruite en 1843.

A ce sujet, disons quelques mots non pas sur

le théâtre à Saint-Quentin, c'est la matière de toute une brochure que nous publierons bientôt, mais sur quelques représentations.

Au Moyen-Age, à l'époque des mystères, le martyre de Saint Quentin était joué pompeusement, et en trois journées, dans la Collégiale transformée, pour la circonstance, en théâtre.

Au XVIIIe siècle, un comédien de passage Klairwal composa une pièce qui eut un grand succès : *Henri IV à Saint-Quentin* et qui valut à son auteur une belle montre en or, aux armes de la ville, offerte par la Municipalité. Lors du *prix général* des Canonniers Arquebusiers (1774) les annonces les plus attrayantes, les circulaires les plus séduisantes furent répandues à profusion, nous détachons de l'une d'elles le passage suivant :

« Tous les jours de cette superbe fête seront marqués par des divertissemens sans nombre et de toute espèce. Les officiers municipaux viennent de faire construire une salle de spectacles qui égale les plus belles du royaume, et dans laquelle une troupe choisie d'excellens comédiens donnera les pièces les plus amusantes, tant pour les objets que pour la musique, la danse et les décorations, et à la suite il y aura chaque jour grand bal. »

Précédemment on jouait la comédie en chambre ou dans des tentes construites pour la circonstance.

CHAPITRE XIX.

BIOGRAPHIE

Parmi les littérateurs, poètes et écrivains nés à Saint-Quentin, nous trouvons :

Au XIVe siècle. Le traducteur JACQUES BAUCHANT.

Au XVe siècle. GILLES DE ROYE (né en 1415) auteur de l'abrégé de la *chronique de Braudon*.

Au XVIe siècle. Le chanoine CHARLES DE BOVELLES qui fut à la fois poète, savant, mathématicien, théologien, grammairien, philosophe, etc., et a laissé de nombreux ouvrages.

— GRÉGOIRE GOURDY, poète français.

— CLAUDE LEMAIRE, poète latin.

— MICHEL BRUNEAU.

— ANTOINE DESPLANQUES, doyen de Saint-Quentin, écrivain, savant et poète.

Au XVIIe siècle. CHARLES GOBINET, docteur en Sorbonne, principal du collège du Plessis, qui fit d'excellents traités à l'usage de la jeunesse (1613-1690).

Au XVIIe siècle. JEAN GOBINET son frère, aussi docteur en Sorbonne, mort à Chartres en 1724.

Au XVIIIe siècle. HENRI DE TROUSSET DE VALINCOURT, à qui Boileau dédia sa satire sur l'honneur et qui occupa le fauteuil de Racine à l'Académie française.

— NICOLAS DESJARDINS, principal du collège de Saint-Quentin, traducteur de Cicéron.

— FRANÇOIS DESJARDINS, son frère, auteur de poésies latines.

— ANTOINE VICAIRE, auteur du *plan de l'Enéïde de Virgile.*

— ISAAC-MATHIEU CROMELIN, auteur d'une *Encyclopédie élémentaire* ou *rudiment des sciences et arts* et d'un recueil de nouvelles badines, né en 1730, mort à Saint-Germain dans le commencement du XIXe siècle.

— RÉNÉ - THÉOPHILE CHATELAIN, journaliste, né le 19 janvier 1790, mort à Paris le 20 mars 1838. Rédacteur du *Courrier Français*, il a aussi composé les *lettres de Sidi Mahmoud* et nombre d'autres ouvrages politiques ou littéraires.

Parmi les historiens :

Au XIe siècle. DUDON, doyen de Saint-Quentin, qui donna une histoire (en latin) des comtes de Vermandois. Il vivait vers l'an 1015. Ce fut lui que le comte Albert envoya près de Richard Ier, duc de Normandie, pour engager ce prince à la réconciliation avec Hugues Capet.

Au XVIIe siècle. CLAUDE DE LA FONS, avocat au barreau de Saint - Quentin, auteur d'annotations sur la *Coutume* et d'une *Histoire de Saint-Quentin, patron du Vermandois.*

— CLAUDE HÉMERÉ, docteur en Sorbonne, chanoine de Saint-Quentin, qui fit des ouvrages en langue latine sur la théologie et la scolastique, des études *de scholis publicis* et surtout : *Augusta Viromanduorum illustrata et vindicata.*

— NOEL LENAIN et CHARLES DECROIX, archéologues et historiens.

— QUENTIN DE LA FONS, auteur d'un manuscrit sur l'*Histoire de la ville et de l'Eglise de Saint-Quentin,* où se trouvent des documents aussi curieux qu'intéressants.

Au XVII° siècle. CLAUDE BENDIER, chanoine, curé de Saint-André, docteur en Sorbonne, auteur d'une *vie de Saint-Quentin*, des *prérogatives de la ville et de l'Eglise royale de Saint-Quentin*. Il fit don, à la Ville, de sa bibliothéque composée de 3,000 volumes.

— DOM LUC D'ACHERY, savant bénédictin de la congrégation de Saint-Maur, naquit à Saint-Quentin en 1609. C'était un érudit, compilateur estimable et très-laborieux. Bibliothécaire de Saint-Germain des Prés, il fut à portée d'examiner une quantité considérable de manuscrits anciens et de livres peu connus. Ce sont ces ouvrages divers qu'il publia en 13 volumes in-4° sous le titre de *spicilegium*, recueil aussi précieux par l'abondance et le choix des matières qu'important à consulter pour l'éclaircissement de points obscurs de l'histoire et de la littérature ecclésiastiques. Il donna encore d'autres travaux recherchés et mourut à Paris le 29 avril 1685.

Au XVIIe siècle. PIERRE - FRANÇOIS - XAVIER DE CHARLEVOIX, naquit à Saint-Quentin, en 1683, d'une des premières familles de la ville. Elevé par les jésuites, il entra dans leur compagnie et fit, comme missionnaire, plusieurs voyages pendant lesquels il prit beaucoup de notes ; aussi a-t-il laissé des ouvrages de valeur notamment des *Histoires du Japon, du Paraguay, de la Nouvelle France, de Saint-Domingue,* etc. Il fut, jusqu'à sa mort (1er février 1761) collaborateur assidu du journal de Trévoux.

— LOUIS-PAUL COLLIETTE, chanoine de Saint - Quentin, curé de Gricourt, auteur des *Mémoires sur le Vermandois.*

— LOUIS HORDRET, avocat au Parlement, auteur de la *Défense des droits et prérogatives de la ville de Saint-Quentin.*

Parmi les **dignitaires** ecclésiastiques, les théolo-

giens, les prédicateurs et les magistrats renom-
més :

Au Xe siècle. SAINT-GILBERT, évêque de Meaux.

Au XIe siècle. ISAAC DE SAINT-QUENTIN, ministre
de Philippe Ier.

— YVES LE SCHOLASTIQUE, moine
de Cluny.

Au XIIe siècle. JEHAN DE MELAN, évêque de
Noyon.

Au XIVe siècle. JEAN DE SAINT-QUENTIN, abbé de
Prémontré.

— MATHIEU FERRAND, chanoine,
chancelier de France.

— MARGUERITE COQUELAIN, abbesse
du Sauvoir, en 1399.

Au XVIe siècle. QUENTIN LE MUSEUR, évêque de
Warwick, mort en 1595.

— JEAN DE GUYENCOURT, docteur
en Sorbonne, confesseur de
Henry II.

— JEAN LE HENNUYER (1497-1578),
docteur en Sorbonne, premier
aumônier de Henri II, Charles IX et Henri III, confesseur de Catherine de Médicis
et de Diane de Poitiers, évêque
de Lodéve et de Lisieux.

Au XVIIe siècle. OMER TALON, avocat général au
Parlement. (1)

_____

(1) Voir l'excellente étude de M. Edouard de Barthélémy sur Omer
Talon.

Au XVIIe siècle. NICOLAS D'Y, chanoine, docteur en Sorbonne et en droit, chancelier de l'Eglise d'Amiens.

— JACQUES LESCOT, docteur en Sorbonne, évêque de Chartres.

— MARTIN GRANDIN, doyen de la faculté de Théologie, et auteur des *Institutiones theologicœ* (1604-1691).

— JEAN HEUZET, professeur à l'Université, à qui l'on doit le *Selectœ e profanis scriptoribus historiœ*, mort en 1728.

— NICOLAS-JÉROME LE COUTURIER, chanoine de Saint-Quentin, orateur et prédicateur du roi.

— PAUL BIGNON, abbé de Saint-Quentin-en-l'Isle et bibliophile distingué.

Parmi les artistes :

Au XVIᵉ siècle. JEAN BOURGEOIS DE SAINT-
QUENTIN, architecte en partie
de la Collégiale.

— Le sculpteur VALERAND ALLARD.

— Le peintre verrier MATHIEU BLE-
VILLE.

Au XVIIᵉ siècle. MICHEL DORIGNY, peintre et gra-
veur à l'eau forte, né en 1617,
mort à Paris en 1663. Il y a
des peintures de cet artiste à
Vincennes et dans des hôtels
de Paris.

Au XVIIIᵉ siècle. JEAN PAPILLON, le fameux gra-
veur. Au nombre des bois
qu'il a laissés, il en est un que
nous donnons ici ; ce sont les
armes de la ville :

*D'azur à un buste de Saint-Quentin auréolé,
chargé sur les épaules de deux clous de passion, le
tout d'argent, accompagné de trois fleurs de lys
d'or, deux en chef et une en pointe.*

Notre reproduction réduit à moitié le bois qui servait officiellement à la Mairie ; on le plaçait en tête des ordonnances du Corps de Ville.

Citons aussi et surtout MAURICE-QUENTIN DELA-TOUR. Il naquit le 5 septembre 1704 et montra, dès l'enfance, un goût prononcé pour le dessin.

Après différents essais, il vint se fixer à Paris où, l'anglomanie étant à l'ordre du jour, il se fit passer pour anglais et dès lors eut un nombre respectable de clients. Il ne tarda pas à devenir l'ami de Restout, Lemoine, Vanloo, Vernet, Parochéle, Largillière, Greuze, etc. De 1738 à 1746, Delatour est nommé successivement agréé, puis membre et enfin directeur de l'Académie de peinture, et il obtint un logement au Louvre vers la même époque. Il fréquentait des savants, des philosophes : d'Alembert, d'Argenson, Buffon, Crébillon, Diderot, Helvetius, l'abbé Hubert, La Condamine, Marmontel (1), Nolet, J.-J. Rousseau, le maréchal de Saxe, Voltaire, etc. Nous n'examinerons pas ici les délicieux chefs-d'œuvre de l'artiste inimitable, que l'on peut admirer au Musée ; nous devons nous borner à quelques détails biographiques d'autant plus courts que des notices ont déjà été composées par MM. du Plaquet, de Bucelly d'Estrées, Dréolle de Nodon, Champfleury, Desmaze, de Goncourt, de Marsy,

(1) Marmontel écrit dans ses Mémoires : « Latour avait de l'enthousiasme ; mais le cerveau déjà brouillé de politique et de morale, dont il croyait raisonner savamment, il se croyait humilié lorsqu'on lui parlait de peinture. S'il fit mon portrait, ce fut pour la complaisance avec laquelle je l'écoutais réglant les destinées de l'Europe. » Ce pastel fait partie de la collection Jules Lecocq.

etc. On connaît, par les nombreux écrits qui en ont fait l'objet, cette vie si bien remplie. Peintre du roi, Delatour conserve les traits dominants qui sont le fond de sa nature : la franchise et la charité.

L'abbé du Plaquet nous apprend qu'il « affecte un jour, en présence de Louis XV, de ne citer que des actions louables de l'histoire étrangère. Je vous croyais Français, dit le roi. — Non, sire, je ne le suis pas. Le prince fait un mouvement de surprise et change de visage : Vous n'êtes pas Français ? — Non, mais ce qui vaut mieux, je suis Picard et de Saint-Quentin.... Le monarque n'a jamais perdu de vue M. Delatour et toutes les fois qu'il approchait de sa solitude d'Auteuil, il envoyait s'informer de sa santé. Deux fois le souverain lui fait offrir le cordon de Saint-Michel. Quoique cet ordre confère la qualité et les privilèges de la noblesse, deux fois il a la modestie ou la fierté de le refuser. »

Quant à sa charité, elle est inépuisable ; c'est surtout à Saint-Quentin qu'elle se fait particulièrement sentir. Il fonde en 1781, un bureau de charité et une école de dessin; (1) puis, craignant que ses libéralités soient insuffisantes, il donne à la même école de dessin:

En août 1782, 537 livres 15 sols de rente ;

En décembre 1782, 335 livres 5 sols ;

En mai 1783, 500 livres ;

Et en février 1784, 102 livres 5 sols.

(1) Voir le *Vermandois*, 3ᵉ année, pages 257 et suivantes.

Un travail sans relâche, une lutte énergique avaient épuisé cette belle intelligence ; bientôt les années viennent et « tout-à-coup la raison flotte dans cette tête autrefois si fertile. »

Le 21 juin 1784 est un jour de fête pour Saint-Quentin. La ville est pavoisée, les rues sont tendues, le soir on illuminera les maisons, le canon gronde aux remparts, la milice bourgeoise est sous les armes, le carillon fait entendre ses airs les plus gais, et sur la ville plane le son grave de la cloche qui ne s'ébranle que pour annoncer l'entrée des rois. Le Mayeur, suivi de la population tout entière, quitte la place et va jusqu'aux portes de la cité recevoir, non pas un héros fameux par ses victoires, un roi couronné de lauriers, mais un artiste et surtout un homme de bien. Cette ovation princière, c'était à Delatour venant mourir dans ses murs que sa ville l'adressait. Mais, comme aux tableaux il faut des ombres, au soleil des taches, Delatour ne jouit de cet hommage si mérité, de ce juste et glorieux triomphe, qu'à travers les lueurs incertaines de sa raison ! L'esprit tourmenté par les graves questions qui s'agitaient autour de lui et plongé dans une rêverie mélancolique, il ne devait se survivre que peu de temps. Malgré les soins empressés dont il était entouré, il s'éteignit le 17 février 1788.

En mai 1856, la ville reconnaissante dressait, au milieu d'un immense concours de peuple, une statue à Delatour sur la place Saint-Quentin, près des maisons qui l'avaient vu naître et mourir.

Parmi les médecins :

Au XIIIᵉ siècle. JEAN DE SAINT-QUENTIN, médecin de Philippe Auguste.

Au XVᵉ siècle. JEAN LENGLET, médecin de Charles VIII.

Au XVIᵉ siècle. ISAAC LELIÈVRE qui fit, dit-on, des cures merveilleuses et différents ouvrages en vers. (Mort en 1604).

Au XVIIᵉ siècle. HENRI - EMMANUEL MEURESSE, chirurgien, auteur d'un bon *traité sur la saignée.*

Au XVIIIᵉ siècle. Le naturaliste POIRET auteur d'une *botanique* et d'autres travaux.

J.-M. NÉRET, botaniste, le dernier Mayeur de la ville.

Parmi les hommes de guerre :

Au XVIIIᵉ siècle. HUGUES LE GRAND, comte de Vermandois.

JEAN LELEU et CHARLES HENNUYER DE LA MOTHE, partisans célèbres des XIVᵉ et XVIᵉ siècles.

J.-G.-A. PAULET, général de brigade sous le 1ᵉʳ Empire.

Mentionnons encore, pour terminer, les industriels HENRI DANIEL et JEAN COTTIN, le philanthrope N. BELLON et ANTOINE BÉNÉZET. Sa vie a été écrite par Roberts Vaux, en 1824, et par M. Demoulin, en 1873. Quelques mots suffiront pour rappeler brièvement ce que fut Bénézet. Il naquit à Saint-Quentin le 31 janvier 1713 ; la révocation de l'édit de Nantes l'obligea à se réfugier à Rotterdam, puis à Londres, enfin à Philadelphie où il se maria. Il passa toute sa vie et sacrifia toute sa fortune au triomphe des causes les plus légitimes.

Partisan de l'instruction des femmes, il dirigea avec succès une pension de jeunes filles. Ennemi acharné de l'esclavage, il le combattit énergiquement. « L'un des actes les plus importants que Bénézet accomplit, dit M. G. Demoulin, est la création d'une école du soir où il instruisit les nègres. C'était la première qui leur était ouverte. Il faut voir là une preuve de grand courage : fréquenter les nègres était réputé chose vile, les instruire était à la fois une honte et un crime. La seule excuse que le public admit d'abord en faveur de Bénézet c'est qu'il devait être fou. » Plus tard, l'opinion publique fut ébranlée et convaincue après l'apparition de livres qui respiraient la plus ardente charité.

Bénézet mourut en 1784. Ce fut un deuil public. Toute la population suivit ses funérailles, et un officier supérieur prononça cette phrase qui est le plus bel éloge qu'on puisse faire du grand philanthrope. « J'aimerais mieux être Bénézet dans son cercueil que Washington dans sa gloire. » La ville de Saint-Quentin peut être fière de compter un tel homme parmi ses enfants.

CHAPITRE XX.

SAINT-QUENTIN DEPUIS 1789 JUSQU'A NOS JOURS

La ville de Saint-Quentin était trop près de Paris d'un côté, de la frontière de l'autre, pour n'être pas vivement émue des événements multiples qui signalèrent la chute de la royauté et les premiers succès de la Révolution.

Le procès de Louis XVI eut un retentissement considérable dans le monde entier et fut suivi de la guerre avec l'Europe féodale. La France, sous la Terreur, avait à lutter à la fois contre la coalition étrangère et contre ses propres enfants égarés ; nous voyons les Saint-Quentinois s'engager avec enthousiasme, prendre une part glorieuse aux victoires de la République, repousser l'ennemi menaçant et contribuer à la pacification de la Vendée. (1)

Les guerres de l'Empire, longtemps heureuses, fournirent un nombre contingent de prisonniers qui furent employés à l'achèvement du canal souterrain ; malheureusement elles furent suivies de désastres qui amenèrent les invasions de 1814 et 1815 pendant lesquelles notre ville fut occupée par les Prussiens et les Russes. (2)

(1) Voir le *Vermandois*, tome I, pages 381, 244 et suivantes, tome III, pages 10 et suivantes.

(2) Voir sur ces invasions les ouvrages de MM. Fouquet-Chollet et Ed. Fleury.

Depuis la Restauration jusqu'à la fin du second Empire l'histoire de Saint-Quentin se confond avec l'histoire générale de la France sans que nous ayons autre chose à noter qu'une prospérité commerciale sans cesse croissante. Des industries nouvelles sont créées, des établissements nombreux s'élèvent de tous côtés et la population s'accroit rapidement. Après le 4 septembre 1870, Saint-Quentin fit des préparatifs de défense pour se mettre à l'abri des troupes allemandes. Celles-ci, repoussées une première fois le 8 Octobre, ne tardèrent pas à revenir plus nombreuses et avec une forte artillerie. La ville fut occupée puis reprise pour être définitivement réoccupée par les troupes ennemies après la bataille du 19 janvier 1871.

Depuis l'an 883, Saint-Quentin était fortifiée ; son déclassement ordonné par Napoléon Ier, le 28 avril 1810, ouvrit devant elle un avenir nouveau. « Tout un ensemble de voies larges et régulières, n'offrant pas assurément plus de variété que n'en comporte la ligne droite, mais se raccordant avec habileté aux anciennes voies dont elles devenaient le prolongement et le développement, fut étudié et adopté ; il semblait d'abord qu'un siècle n'aurait pas suffi pour abattre les maçonneries des fortifications, combler les fossés, tracer les rues, vendre les terrains qu'elles sillonnaient et les couvrir de constructions.

Soixante ans se sont à peine écoulés, et tout cela s'est accompli : parcourez les quartiers neufs, vous chercherez en vain les soudures qui les relient aux vieilles rues, vous ne trouverez plus trace ni des remparts, ni des circonvallations : tout est bâti, tout est habité ; les anciennes rues-routes, qui traversaient les faubourgs en serpentant, ont fait place à de larges artères qui servent d'axes à de nouveaux quartiers suburbains. La Ville a triplé sa population et sa richesse : l'espace lui manque, et chaque jour des rues neuves s'ouvrent au-delà de ses boulevards, dont l'enceinte est définitivement débordée de tous côtés. (1) »

L'industrie locale, qui rayonne dans tout l'arrondissement et les arrondissements voisins, occupe près de cent cinquante mille ouvriers, faisant surtout des tissus de coton et de laine, des châles, des tricots, des gazes, des linons, des batistes, des broderies, etc., etc. Ces produits sont employés en France et en Europe, l'exportation s'étend plus loin, au Japon, en Amérique, dans les différentes parties du monde.

Quant à la ville en elle-même, elle est aussi belle que peut l'être une ville tout entière aux affaires. Merveilleusement placée sur une colline, ayant à ses pieds une rivière, un canal et un chemin de fer, elle possède des rues larges et grandes, une place immense, des promenades agréables. Les distractions ne manquent pas, grâce à l'initiative personnelle, au théâtre et aux sociétés de paume, de tir, de chant, de musique, etc. Enfin l'instruction y est largement distribuée : un ma-

(1) P. Bénard. Des transformations de la ville de Saint-Quentin à différentes époques.

gnifique lycée reçoit chaque année près de cinq
cents élèves, des cours fondés par la Société
Académique, continués par elle et, à son exemple,
par la Municipalité et la Société Industrielle qui
les ont augmentés, comprennent les premiers élé-
ments de l'écriture et de la lecture, le calcul, la
géométrie, l'hygiène, le droit commercial, l'écono-
mie politique, la physique, la chimie, les langues
vivantes, la géographie, la mécanique, le tissage,
la lingerie, la broderie, la fabrication du sucre, etc.

Le succès le plus légitime ne peut que couronner tant d'efforts, et les sacrifices d'une cité, si
cruellement obérée par les événements de ces dernières années, porteront leurs fruits : marchant
sans arrière-pensée dans la voie du progrès, la
ville de Saint-Quentin est appelée à une position
honorable ; elle verra son nom, déjà si célèbre,
briller d'un vif éclat et sa réputation, bien justifiée,
ira sans cesse grandissant.

TABLE DES PLANCHES ET DESSINS

TABLE DES MATIÈRES

Saint-Quentin. — Imp. Ch. POETTE, rue Croix-Belle-Porte, 19.